HER MAJESTY QUEEN VICTORIA,

IN HER CORONATION ROBES,

Seated in St Edward's Chair, as it was ornamented on the day of her Coronation.

# ABÉCÉDAIRE
# ANGLAIS ET FRANÇAIS

SYLLABAIRE COMPLET

OU

## PREMIER LIVRE DE LECTURE

DESTINÉ AUX ENFANTS

QUI APPRENNENT A PRONONCER, A LIRE ET A TRADUIRE L'ANGLAIS

CLASSÉ MÉTHODIQUEMENT PAR ORDRE DE DIFFICULTÉS

PAR M. E. T.

TROISIÈME ÉDITION
CORRIGÉE ET AUGMENTÉE
ORNÉE DE 250 VIGNETTES

PARIS
BAUDRY, LIBRAIRIE EUROPÉENNE
DRAMARD-BAUDRY ET C^IE, SUCCESSEURS
12, RUE BONAPARTE
—
1864

PARIS. — IMPRIMERIE GÉNÉRALE DE CH. LAHURE
Rue de Fleurus, 9

# PREMIÈRE PARTIE

## EXERCICES

SUR

## L'ALPHABET, L'ÉPELLATION ET LA PRONONCIATION

---

# PART I

## EXERCISES

ON

## THE ENGLISH ALPHABET, SPELLING AND PRONUNCIATION

| A | B | C | D |
|---|---|---|---|
| é | bi | ci | di |
| **E** | **F** | **G** | **H** |
| i | eff | dgi | etch |
| **I** | **J** | **K** | **L** |
| aï | dgé | ké | ell |
| **M** | **N** | **O** | **P** |
| emm | enn | ô | pi |

| Q | R | S | T |
|---|---|---|---|
| kiou | arr | ess | ti |

| U | V | W | X |
|---|---|---|---|
| iou | vi | deublion | ex |

| Y | Z | & | &c. |
|---|---|---|---|
| ouaï | zedd | and | et cætera |

## LETTRES ORDINAIRES.

### THE ORDINARY LETTERS.

a b c d e f

g h i j k l m

n o p q r s t

u v w x y z

## VOYELLES.

### THE VOWELS.

A E I O U Y

a e i o u y

## CAPITALES ITALIQUES.

### THE ITALIC CAPITALS.

*A B C D E F*

*G H I J K L M*

*N O P Q R S T*

*U V W X Y Z*

---

## ITALIQUES ORDINAIRES.

### THE ITALIC ORDINARY LETTERS.

*a b c d e f g h i*

*j k l m n o p q*

*r s t u v w x y z*

## CAPITALES GOTHIQUES.

### THE GOTHIC CAPITALS.

A B C D E F
G H I J K L M
N O P Q R S T
U V W X Y Z

## GOTHIQUES ORDINAIRES.

### THE GOTHIC ORDINARY LETTERS.

a b c d e f g h i
j k l m n o p q
r s t u v w x y z

## LETTRES SANS ORDRE RÉGULIER.

### THE LETTERS PROMISCUOUSLY ARRANGED.

D B C F G E H A X U Y M V R
W N K P J O Z Q I S L T

z w x o c l y b d f p s m q
n v h k r t g e j a u i

## LETTRES DOUBLES ET TRIPLES.

### THE DOUBLE AND TRIPLE LETTERS.

ﬂ ſl ﬁ ſi ﬀ ﬃ ſſi ﬄ
fl sl fi si ff ffi ssi ffl

## DIPHTHONGUES.

### THE DIPHTHONGS.

Æ Œ æ œ & &c.
AE OE ae oe and et cætera

## SIGNES DE PONCTUATION.

THE STOPS AND MARKS USED IN WRITING.

| , | ; | : | . | ? | ! |
|---|---|---|---|---|---|
| Comma. | Semi-colon. | Colon. | Period. | Interro-gation. | Excla-mation. |
| *Virgule.* | *Point et Virgule.* | *Deux Points.* | *Point.* | *Interro-gation.* | *Excla-mation.* |

---

| CHIFFRES ARABES. ARABIC NUMERALS. | | | | CHIFFRES ROMAINS. ROMAN NUMERALS. |
|---|---|---|---|---|
| **1** | Un | ○ | One | **I** |
| **2** | Deux | ○ ○ | Two | **II** |
| **3** | Trois | ○ ○ ○ | Three | **III** |
| **4** | Quatre | ○ ○ ○ ○ | Four | **IV** |
| **5** | Cinq | ○ ○ ○ ○ ○ | Five | **V** |
| **6** | Six | ○ ○ ○ ○ ○ ○ | Six | **VI** |
| **7** | Sept | ○ ○ ○ ○ ○ ○ ○ | Seven | **VII** |
| **8** | Huit | ○ ○ ○ ○ ○ ○ ○ ○ | Eight | **VIII** |
| **9** | Neuf | ○ ○ ○ ○ ○ ○ ○ ○ ○ | Nine | **IX** |
| **10** | Dix | ○ ○ ○ ○ ○ ○ ○ ○ ○ ○ | Ten | **X** |
| **50** | Cinquante | | Fifty | **L** |
| **100** | Cent | | Hundred | **C** |
| **500** | Cinq cents | | Five hundred | **D** |
| **1000** | Mille | | Thousand | **M** |

---

1852. MDCCCLII.

APE

*Ape*

*Ape*

Ape

(ÉPE)

SINGE

BELL

*Bell*

*Bell*

Bell

(BELL)

CLOCHE

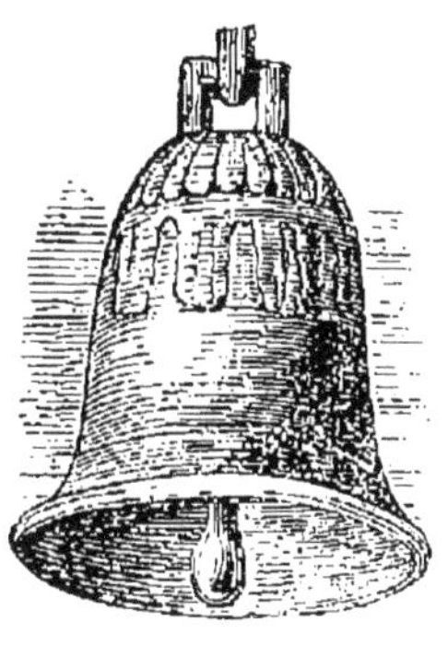

COCK

*Cock*

*Cock*

Cock

(KOK)

COQ

DOG

*Dog*

*Dog*

**Dog**

(DOGUE)

CHIEN

EAGLE

*Eagle*

*Eagle*

**Eagle**

(I'GL')

AIGLE

FOX

*Fox*

*Fox*

**Fox**

(FOX)

RENARD

GOOSE

*Goose*

*Goose*

**Goose**

(GOUCE)

**OIE**

HORSE

*Horse*

*Horse*

**Horse**

(HORCE)

**CHEVAL**

INKSTAND

*Inkstand*

*Inkstand*

**Inkstand**

(IGN'K'STAN'D)

**ENCRIER**

**JUG**

*Jug*

*Jug*

**Jug**

(DJEUG)

**CRUCHE**

**KITE**

*Kite*

*Kite*

**Kite**

(KAÏTE)

**CERF-VOLANT**

**LION**

*Lion*

*Lion*

**Lion**

(LAÏEUNE)

**LION**

MOUSE

*Mouse*

*Mouse*

**Mouse**

(MAOUCE)

SOURIS

NUT

*Nut*

*Nut*

**Nut**

(NEUTT)

NOIX

OWL

*Owl*

*Owl*

**Owl**

(AOUL)

HIBOU

PIG
*Pig*
*Pig*
**Pig**

(PIGUE)

**PORC**

QUEEN
*Queen*
*Queen*
**Queen**

(KOUINE)

**REINE**

RABBIT
*Rabbit*
*Rabbit*
**Rabbit**

(RAB'ITE)

**LAPIN**

SHIP
*Ship*
*Ship*
**Ship**

(CHIPE)

VAISSEAU

TOP
*Top*
*Top*
**Top**

(TOPE)

TOUPIE

UNICORN
*Unicorn*
*Unicorn*
**Unicorn**

(IOU'NIKORN)

LICORNE

VULTURE

*Vulture*

*Vulture*

**Vulture**

(VEUL'TCHIOUR)

**VAUTOUR**

WIND-MILL

*Wind-mill*

*Wind-mill*

**Wind-mill**

(OUIN'D'MIL)

**MOULIN A VENT**

XERXES

*Xerxes*

*Xerxes*

**Xerxes**

(ZERK'CIZ)

**XERXÈS**

(Roi de Perse)

YEW-TREE
*Yew-tree*
*Yew-tree*
Yew=tree

(YOU'TRI)

IF

ZEBRA
*Zebra*
*Zebra*
Zebra

(ZE'BRA)

ZÈBRE

# EXERCICES D'ÉPELLATION.

## EXERCISES FOR SPELLING.

### Leçon 1.

| ba | be | bi | bo | bu | by |
|---|---|---|---|---|---|
| bé | bi | bi | bo | biou | bi |
| ca | ce | ci | co | cu | cy |
| ké | ci | ci | co | kiou | ci |
| da | de | di | do | du | dy |
| dé | di | di | do | diou | di |
| fa | fe | fi | fo | fu | fy |
| fé | fi | fi | fo | fiou | fi |

### Leçon 2.

| ga | ge | gi | go | gu | gy |
|---|---|---|---|---|---|
| ghé | dji | dji | go | ghiou | dji |
| ha | he | hi | ho | hu | hy |
| hé | hi | hi | ho | hiou | hi |
| ja | je | ji | jo | ju | jy |
| djé | dji | dji | djo | djiou | dji |
| ka | ke | ki | ko | ku | ky |
| ké | ki | ki | ko | kiou | ki |
| la | le | li | lo | lu | ly |
| lé | li | li | lo | liou | li |

## Leçon 3.

| | | | | | |
|---|---|---|---|---|---|
| **ma** | **me** | **mi** | **mo** | **mu** | **my** |
| mé | mi | mi | mo | miou | mi |
| **na** | **ne** | **ni** | **no** | **nu** | **ny** |
| né | ni | ni | no | niou | ni |
| **pa** | **pe** | **pi** | **po** | **pu** | **py** |
| pé | pi | pi | po | piou | pi |
| **ra** | **re** | **ri** | **ro** | **ru** | **ry** |
| ré | ri | ri | ro | riou | ri |
| **sa** | **se** | **si** | **so** | **su** | **sy** |
| sé | si | si | so | siou | si |

## Leçon 4.

| | | | | | |
|---|---|---|---|---|---|
| **ta** | **te** | **ti** | **to** | **tu** | **ty** |
| té | ti | ti | to | tiou | ti |
| **va** | **ve** | **vi** | **vo** | **vu** | **vy** |
| vé | vi | vi | vo | viou | vi |
| **wa** | **we** | **wi** | **wo** | **wu** | **wy** |
| oué | oui | oui | ouo | ouiou | oui |
| **ya** | **ye** | **yi** | **yo** | **yu** | **yy** |
| yé | yi | yi | yo | yiou | yi |
| **za** | **ze** | **zi** | **zo** | **zu** | **zy** |
| zé | zi | zi | zo | ziou | zi |

## Leçon 5.

| | | | | | |
|---|---|---|---|---|---|
| **ab** | **ac** | **ad** | **af** | **ag** | **al** |
| abe | ake | ade | afe | ague | ale |
| **eb** | **ec** | **ed** | **ef** | **eg** | **el** |
| èbe | èke | ède | èfe | ègue | èle |
| **ib** | **ic** | **id** | **if** | **ig** | **il** |
| ibe | ike | ide | ife | igue | ile |
| **ob** | **oc** | **od** | **of** | **og** | **ol** |
| obe | oke | ode | ofe | ogue | ole |
| **ub** | **uc** | **ud** | **uf** | **ug** | **ul** |
| eube | euk | eude | euf | eug | eul |

## Leçon 6.

| | | | | | |
|---|---|---|---|---|---|
| **am** | **an** | **ap** | **ar** | **as** | **at** |
| ame | ane | ape | ar | az | ate |
| **em** | **en** | **ep** | **er** | **es** | **et** |
| ème | ène | èpe | eur | iz | ète |
| **im** | **in** | **ip** | **ir** | **is** | **it** |
| ime | ine | ipe | ire | iz | ite |
| **om** | **on** | **op** | **or** | **os** | **ot** |
| ome | one | ope | ore | os | ote |
| **um** | **un** | **up** | **ur** | **us** | **ut** |
| eume | eune | eup | eur | eusse | eute |

## Leçon 7.

| | | | | | |
|---|---|---|---|---|---|
| **ax** | **am** | **on** | **yo** | **me** | **so** |
| axe | ame | one | yo | mi | so |
| **ex** | **of** | **no** | **he** | **be** | **wo** |
| exe | ov | no | hi | bi | ouo |
| **ix** | **ye** | **my** | **at** | **to** | **lo** |
| ixe | yi | my | ate | tou | lo |
| **ox** | **by** | **as** | **up** | **ye** | **go** |
| oxe | baï | az | eup | yi | go |
| **ux** | **an** | **or** | **ho** | **we** | **do** |
| euxe | ane | or | ho | oui | dou |

## Leçon 8.

| | | | | | |
|---|---|---|---|---|---|
| **in** | **so** | **am** | **an** | **if** | **ha** |
| ine | so | ame | ane | if | ha |
| **ay** | **oy** | **my** | **ye** | **be** | **as** |
| éi | oï | mi | yi | bi | az |
| **oh** | **it** | **on** | **go** | **no** | **us** |
| oh | ite | one | go | no | eusse |
| **me** | **we** | **up** | **to** | **us** | **lo** |
| mi | oui | eup | tou | eusse | lo |

## Leçon 9.

| | | |
|---|---|---|
| **He is up.** | **We go in.** | **So do we.** |
| Hi iz eup. | Oui go ine. | So dou oui. |
| Il est levé. | Nous entrons. | Nous faisons de même. |
| **It is so.** | **Lo! we go.** | **As we go.** |
| It iz so. | Lo! oui go. | Az oui go. |
| C'est ainsi. | Voyez! nous allons. | Comme nous allons. |
| **Do ye so.** | **I go up.** | **If it be so.** |
| Dou yi so | Aï go eup. | If it bi so. |
| Faites ainsi. | Je monte. | S'il en est ainsi. |

## Leçon 10.

| | | |
|---|---|---|
| **I am he.**<br>Aï am hi.<br>Je suis celui. | **So do I.**<br>So dou aï.<br>Ainsi fais-je. | **I do go.**<br>Aï dou go.<br>Je vais. |
| **He is in.**<br>Hi iz ine.<br>Il est dedans. | **It is an ox.**<br>It iz ane ox.<br>C'est un bœuf. | **Is he on?**<br>Iz hi one?<br>Est-il dessus? |
| **I go on.**<br>Aï go one.<br>Je vais en avant. | **He or me.**<br>Hi or mi.<br>Lui ou moi. | **We do so.**<br>Oui dou so.<br>Nous faisons ainsi. |

## Leçon 11.

| | | |
|---|---|---|
| **Ah me!**<br>Ah mi!<br>Hélas! | **Be it so.**<br>Bi it so.<br>Ainsi soit-il. | **Do so.**<br>Dou so.<br>Faites ainsi. |
| **He is up.**<br>Hi iz eup.<br>Il est monté | **I am to go.**<br>Aï ame tou go.<br>Je dois aller. | **It is I.**<br>It iz aï.<br>C'est moi. |
| **Ye do go.**<br>Yi dou go.<br>Vous allez. | **So it is.**<br>So it iz.<br>C'est ainsi. | **He is to go.**<br>Hi iz tou go.<br>Il doit aller. |

## Leçon 12.

| | |
|---|---|
| **Ye go by us.**<br>Yi go baï euss.<br>Vous allez avec nous. | **Ah me, it is so.**<br>Ah mi, it iz so.<br>Hélas! c'est ainsi. |
| **It is my ox.**<br>It iz maï ox.<br>C'est mon bœuf. | **If ye do go in.**<br>If yi dou go ine.<br>Si vous entrez. |
| **Do as we do.**<br>Dou az oui dou.<br>Faites comme nous. | **So do we go on.**<br>So dou oui go one.<br>C'est ainsi que nous allons. |

## Leçon 13.

**If he is to go.**
If hi iz tou go.
S'il doit aller.

**Is it so or no?**
Iz it so or no?
Est-ce ainsi ou non?

**I am to do so.**
Aï am tou dou so.
Je dois faire ainsi.

**If I do go in.**
If aï dou go ine.
Si j'entre.

**It is to be on.**
It iz tou bi one.
Cela doit être dessus.

**Am I to go on?**
Am aï tou go one?
Dois-je aller en avant?

## Leçon 1.

| | | | | | |
|---|---|---|---|---|---|
| bad<br>bade | lad<br>lade | pad<br>pade | bed<br>bède | led<br>lède | red<br>rède |
| dad<br>dade | mad<br>made | sad<br>sade | fed<br>fède | ned<br>nède | wed<br>ouède |

## Leçon 2.

| | | | | | |
|---|---|---|---|---|---|
| bid<br>bide | hid<br>hide | lid<br>lide | god<br>gode | nod<br>node | bud<br>beude |
| did<br>dide | kid<br>kide | rid<br>ride | hod<br>hode | rod<br>rode | mud<br>meude |

## Leçon 3.

| | | | | | |
|---|---|---|---|---|---|
| bag<br>bag | gag<br>gag | lag<br>lag | rag<br>rag | wag<br>ouag | leg<br>leg |
| fag<br>fag | hag<br>hag | nag<br>nag | tag<br>tag | beg<br>beg | peg<br>peg |

## Leçon 4.

| | | | | | |
|---|---|---|---|---|---|
| big<br>big | wig<br>ouig | dog<br>dog | jog<br>djog | hug<br>heug | pug<br>peug |
| dig<br>dig | bog<br>bog | fog<br>fog | bug<br>beug | jug<br>djeug | rug<br>reug |
| fig<br>fig | log<br>log | hog<br>hog | dug<br>deug | mug<br>meug | tug<br>teug |

3

## Leçon 5.

| cam | gem | dim | rim | hum | sum |
|---|---|---|---|---|---|
| came | djème | dime | rime | heume | seume |
| ham | hem | him | gum | mum | rum |
| hame | hème | hime | gheume | meume | reume |

## Leçon 6.

| can | pan | zan | hen | din | kin |
|---|---|---|---|---|---|
| cane | pane | zane | hène | dine | kine |
| fan | ran | den | men | fin | pin |
| fane | rane | dène | mène | fine | pine |
| man | van | fen | pen | gin | sin |
| mane | vane | fène | pène | djine | sine |

## Leçon 7.

| tin | don | bun | fun | pun | sun |
|---|---|---|---|---|---|
| tine | done | beune | feune | peune | seune |
| bon | yon | dun | gun | run | tun |
| bone | yone | deune | gheune | reune | teune |

## Leçon 8.

| cap | lap | pap | tap | lip | rip |
|---|---|---|---|---|---|
| cape | lape | pape | tape | lipe | ripe |
| gap | map | rap | dip | nip | sip |
| gape | mape | rape | dipe | nipe | sipe |
| hap | nap | sap | hip | ip | tip |
| hape | nape | sape | hipe | pipe | tipe |

## Leçon 9.

| hob | rob | bob | hop | mop | sop |
|---|---|---|---|---|---|
| hobe | robe | bobe | hope | mope | sope |
| lob | fob | fop | lop | pop | top |
| lobe | fobe | fope | lope | pope | tope |

## Leçon 10.

| | | | | | |
|---|---|---|---|---|---|
| tar | far | mar | car | fir | cur |
| târe | fâre | mâre | câre | feur | cœur |
| bar | jar | par | war | sir | pur |
| bâre | djâre | pâre | ouâre | seur | peur |

## Leçon 11.

| | | | | | |
|---|---|---|---|---|---|
| bat | mat | bet | let | wet | kit |
| bate | mate | bète | lète | ouète | kite |
| cat | pat | fet | met | bit | sit |
| cate | pate | fète | mète | bite | site |
| fat | rat | get | net | fit | dot |
| fate | rate | ghète | nète | fite | dote |
| hat | sat | jet | pet | hit | wit |
| hate | sate | djète | pète | hite | ouite |

## Leçon 12.

| | | | | | |
|---|---|---|---|---|---|
| got | jot | not | rot | but | nut |
| gote | djote | note | rote | beute | neute |
| hot | lot | pot | sot | hut | put |
| hote | lote | pote | sote | heute | peute |

## Leçon 13.

| | | | | | |
|---|---|---|---|---|---|
| shy | fly | sly | cry | fry | try |
| chaï | flaï | slaï | craï | fraï | traï |
| thy | ply | bry | dry | pry | wry |
| thaï | plaï | braï | draï | praï | raï |

## Leçon 14.

| | | | | | |
|---|---|---|---|---|---|
| for | was | dog | the | you | and |
| for | ouaz | dogue | thi | iou | an'd |
| may | art | egg | see | eat | fox |
| mé | arte | ègue | si | ite | fox |
| are | ink | had | off | boy | has |
| are | ign'k | hade | of | boï | haz |

## EXERCICES SUR LES MOTS DE TROIS LETTRES.

### Leçon 1.

**His pen is bad.**
Hiz pène iz bade.
Sa plume est mauvaise.

**I met a man.**
Aï mète é mane.
J'ai rencontré un homme.

**He has a net.**
Hi haz é nète.
Il a un filet.

**We had an egg.**
Oui hade ane ègue.
Nous avions un œuf.

### Leçon 2.

**Let me get a nap.**
Lète mi ghète é nape.
Laissez-moi faire un somme.

**My hat was on.**
Maï hate ouaz one.
Mon chapeau était sur ma tête.

**His hat is off.**
Hiz hate iz off.
Son chapeau est ôté.

**We are all up.**
Oui are âul eup.
Nous sommes tous levés.

### Leçon 3.

**His pen has no ink in it.**
Hiz pène haz no ign'k ine ite
Sa plume n'a pas d'encre.

**Bid him get my hat.**
Bide hime ghète maï hate.
Dites-lui d'apporter mon chapeau.

**I met a man and a pig.**
Aï mète é mane an'd é pigue.
Je rencontrai un homme et un cochon.

**Let me go for my top.**
Lète mi go for maï tope.
Laissez-moi aller chercher ma toupie

### Leçon 4.

**Let the cat be put in a bag.**
Lète thi cate bi poute ine é bag.
Que le chat soit mis dans un sac.

I can eat an egg.
Aï cane ite an eg.
Je puis manger un œuf.

The dog bit my toe.
Thi dogue bite maï tô.
Le chien m'a mordu l'orteil.

The cat and dog are at war.
Thi cate an'd dogue are at ouar.
Le chat et le chien sont en guerre.

---

Leçon 5.

You are a bad boy, if you pull off the
You are é bade boï, if you poul of thi
Vous êtes un méchant garçon, si vous arrachez la
leg of a fly.
leg ov é flaï.
patte d'une mouche.

A fox got the old hen, and ate her.
É fox gote thi ôlde hène, an'd éte heur.
Un renard attrapa la vieille poule, et la mangea.

Our dog got the pig.
Aour dogue gote thi pigue.
Notre chien attrapa le cochon.

Do as you are bid, or it may be bad
Dou az you are bide, or ite mé bi bade
Faites ce qu'on vous ordonne, ou cela tournera mal
for you.
for iou.
pour vous.

---

Leçon 6.

The cat bit the rat, and the dog bit the
Thi cate bite thi rate, an'd thi dogue bite thi
Le chat mordit le rat, et le chien mordit le
cat.
cate.
chat.

**Do not let the cat lie on the bed.**
Dou note lète thi cate laï one thi bède.
Ne laissez pas le chat se coucher sur le lit.

**Pat her, and let her lie by you.**
Pate heur, an'd lète heur laï baï iou.
Caressez-le, et laissez-le se coucher près de vous.

**See how glad she is now I pat her.**
Si haou glade chi iz naou aï pate heur.
Voyez comme il est content maintenant que je le caresse.

**Why does she cry mew?**
Ouaï doz chi craï miou?
Pourquoi miaule-t-il?

**Let her run out.**
Lète heur reune aoute.
Laissez-le sortir.

## EXERCICES D'ÉPELLATION ET DE PRONONCIATION

### SUR LES MOTS DE QUATRE, CINQ ET SIX LETTRES.

| | | | | |
|---|---|---|---|---|
| cart<br>carte | hall<br>hâul | card<br>carde | farm<br>farme | fast<br>faste |
| dart<br>darte | mall<br>màul | hard<br>barde | harm<br>harme | last<br>laste |
| part<br>parte | tall<br>tàul | yard<br>iarde | cash<br>cache | past<br>paste |
| tart<br>tarte | wall<br>ouàul | bark<br>barke | bash<br>bache | bath<br>ba*th* |
| band<br>ban'd | tang<br>tagne | dark<br>darke | gh<br>ga | lath<br>la*th* |
| hand<br>han'd | hang<br>hagne | hark<br>harke | lash<br>lache | path<br>pa*th* |
| land<br>lan'd | rang<br>ragne | lark<br>larke | rash<br>rache | balk<br>bauk |
| gall<br>gàul | bard<br>barde | barm<br>barme | cast<br>case | talk<br>tàuk |

**walk** ouâuk
**folk** fôke

**halt** bâulte
**malt** mâulte
**salt** sâulte
**calf** câf
**half** hâf
**balm** bâme
**calm** câme
**palm** pâme

**bilk** bilke
**milk** milke
**b** beulk

**bell** bel
**cell** cel
**tell** tel
**well** ouel

**bill** bil
**kill** kil

**will** ouil
**doll** dol

**dull** deul
**gull** gheul
**lull** leul
**bull** boul
**full** foul
**pull** poul

**poll** pol
**roll** rôle

**pelf** pelf
**helm** helm
**help** helpe
**belt** belte
**gilt** ghilte
**bolt** bôlte
**colt** côlte

**camp** cam'p
**damp** dam'p

**hemp** hem'p
**limp** lim'p
**bump** beum'p
**dump** deum'p
**pump** peum'p
**bend** ben'd
**fend** fen'd
**bind** baïn'd
**find** faïn'd
**kind** kaïn'd
**mind** maïn'd

**bond** bon'd
**pond** pon'd
**font** fon't
**fund** feun'd

**ring** rigne
**sing** signe
**wing** ouigne
**long** logne
**song** sogne

**bung** beugne
**hung** heugne
**rung** reugne

**bank** bagn'k
**rank** ragn'k
**link** lign'k
**pink** pign'k
**sink** sign'k
**sunk** seugn'k
**monk** meugn'k

**pant** pan't
**rant** ran't
**bent** ben't
**dent** den't
**lent** len't
**rent** ren't
**dint** din't
**hint** hin't
**lint** lin't
**hunt** heun't

**runt** reun't

**barb** barbe
**garb** garbe
**herb** herbe
**verb** verbe
**curb** keurbe
**herd** herde
**bird** beurde
**third** *th*eurde
**cord** corde
**lord** lorde
**cork** corke
**fork** forke
**lurk** leurke
**murk** meurke
**marl** marle
**hurl** heurle
**purl** peurle

**ford** forde
**fort** forte

port porte
pork porke

---

word oueurde
work oueurke
worm oueurme
wort oueurte

---

barn barne
yarn yarne
fern ferne
born borne
corn corne
burn beurne
turn teurne
torn torne
worn ouorne

---

carp carpe
harp harpe
bars barz
cars carz

---

tars tarz

---

dish diche
fish fiche
with ouith
gush gheuche
rush reuche

---

bask baske
mask maske
busk beuske
dusk deuske

---

gasp gaspe
rasp raspe
lisp lispe

---

lass lass
mass mass
less less
mess mess
hiss hiss
kiss kiss

---

boss boss
moss moss

---

best beste
jest djeste
west oueste
fist fiste
hist histe
list liste
host hôste
most móste

---

dust deuste
gust gheuste
just djeuste
cost côste
lost lôste
cow caou
bow baou
vow vaou

---

nigh naï

---

sigh saï
high haï

---

ward ouâurde
warm ouâurme
warp ouâurpe
wart ouâurte
wasp ouaspe
dwarf douorf
swarm souârme
storm storme
sort sorte
quart kouâurte

---

wolf ououlf
womb ououme
tomb toume
jamb djame
lamb lame

---

straw strâu
gnaw nâu

---

awl âul
bawl bâul
owl aoul
fowl faoul
crawl crâul
drawl drâul

---

smith smi*th*
pith pi*th*
both bô*th*
sloth slô*th*

---

broth brô*th*
cloth clô*th*
wroth rô*th*

---

welsh ouelche
filch filche
milch milche
haunch han'che
launch lan'che
bench ben'che

arch
artche
march
martche
catch
catche
fetch
fetche
itch
itche
ditch
ditche

---

gnat
nate
knack
nak
knock
nok
kneel
nil
knob
nob
know
nô

---

fight
faïte
knight
naïte
light
laïte
might
maïte
bright
braïte

---

breeze
brize
sneeze
snize

freeze
frize

---

small
smâul
stall
stâul
dwell
douel
knell
nel
quell
kouel
shell
chel
chill
tchil
drill
dril
skill
skil
droll
drol
stroll
strol

---

qualm
kouâme
psalm
sâme
whelm
houelme
whelp
houelpe

---

smelt
smelte
spelt
spelte
spilt
spilte

stilt
stilte

---

thumb
*th*eume
dumb
deume
bomb
beume

---

cramp
kram'p
stamp
stam'p
champ
tcham'p
plump
pleum'p
stump
steum'p
trump
treum'p

---

brand
bran'd
grand
gran'd
stand
stan'd
blend
blen'd
spend
spen'd
blind
blaïn'd
grind
graïn'd

---

bring
brigne
cling
kligne

fling
fligne
sling
sligne
wring
rigne
spring
sprigne
string
strigne
twang
touagne
wrong
rogne
strong
strogne
throng
*th*rogne
clung
kleugne
strung
streugne
flung
fleugne
wrung
reugne

---

crank
kragn'k
drank
dragn'k
frank
fragn'k
prank
pragn'k
brink
brign'k
chink
tchign'k
clink
klign'k

drink
drign'k
slunk
sleugn'k
drunk
dreugn'k
trunk
treugn'k

---

rhyme
raïme
thyme
thaïme
scene
scine
sythe
saïthe
scheme
skime
school
skoul

---

grant
gran't
plant
plan't
slant
slan't
scent
sen't
spent
spen't
flint
flin't
blunt
bleun't
grunt
greun't
front
fron't

board bôrde
hoard hôrde
sword sôrde

scarf skarfe
scurf skeurfe

shark charke
spark sparke

snarl snarle
twirl toueurle
whirl houeurle
churl tcheurle
churn tcheurne
spurn speurne
stern sterne
scorn skorne
thorn *th*orne

sport sporte

smart smarte
chart tcharte

shirt cheurte
skirt skeurte
short chorte

clash clache
crash crache
flash flache

wash ouache
quash kouache
flesh flèche
fresh frèche
brush breuche
crush kreuche
flush fleuche

brisk briske
whisk houiske
whisp houispe

clasp klaspe
grasp graspe

brass brass
glass glass
bless bless
dress dress
bliss bliss
dross dross
gloss gloss

blast blaste
blest bleste
chest tcheste
twist touiste
ghast gaste
ghost gôste
thrust *th*reuste
crust creuste
crost croste
frost froste

dog dogue
man mane
boy boï

girl gheurle
egg ègue
hen hène
cock kok

book bouk
bee bi
coach kôtche
cart karte

pie paï
tart tarte
milk milke
jack djak

tom teum
sam same
will ouil

fire faïre
smoke smôke
sun seune
moon moune

stars starz
rod reude
stick stik

house haouce
cow kaou
gate ghéte
east iste
west oueste
north nor*th*
south saou*th*

dark darke
light laïte
night naïte
day dé
rain réne
snow snô
hail héle
wind ouin'd

face fece

| | | | | |
|---|---|---|---|---|
| neck | lips | legs | head | hast |
| nek | lipce | legz | hède | haste |
| teeth | tongue | arms | comb | doth |
| ti*th* | teugn'g | armz | kôme | dô*th* |
| eyes | throat | feet | hath | dost |
| aïz | *th*rôte | fite | ha*th* | doste |
| nose | cheeks | hand | hadst | canst |
| nôze | tchiks | han'd | hadste | cannste |

## MOTS A CONNAITRE A LA PREMIÈRE VUE.

| | | | | | | |
|---|---|---|---|---|---|---|
| And | nor | as | them | those | was | should |
| an'd | nore | az | thème | thôse | ouaz | choude |
| an | from | he | their | there | were | may |
| ane | frome | hi | thère | thère | ouère | mé |
| the | to | she | who | thus | been | might |
| thi | tou | chi | hou | theuce | bine | maïte |
| of | on | it | whom | some | have | can |
| ov | one | ite | houme | seume | have | cane |
| for | by | him | whole | when | has | could |
| fore | baï | hime | hôle | houène | haz | coude |
| this | with | her | which | be | hast | do |
| thice | ouith | heur | houitche | bi | haste | dou |
| that | up | we | you | am | had | did |
| thate | eup | oui | iou | ame | hade | dide |
| but | or | us | your | art | will | must |
| beute | or | euce | iour | arte | ouil | meuste |
| no | if | our | what | is | would | where |
| nô | if | nour | houote | iz | ououde | ouère |
| not | all | they | these | are | shall | which |
| note | âul | thé | thise | are | chal | houitche |

## LEÇONS SUR L'*E* FINAL.

| | | | | | | | |
|---|---|---|---|---|---|---|---|
| All | ale | bal | bale | bar | bare | bid | bide |
| âul | éle | bal | béle | bar | bére | bide | baïde |
| bab | babe | ban | bane | bas | base | bil | bile |
| babe | bébe | bane | béne | bas | béce | bil | baïle |

| | | | | | | | |
|---|---|---|---|---|---|---|---|
| bit<br>bite | bite<br>baïte | for<br>for | fore<br>fòre | mop<br>mope | mope<br>môpe | rot<br>rote | rote<br>rôte |
| can<br>cane | cane<br>kéne | gal<br>gale | gale<br>ghéle | mor<br>more | more<br>môre | rud<br>reude | rude<br>roude |
| cam<br>came | came<br>kéme | gam<br>game | game<br>ghéme | mut<br>meute | mute<br>mioute | rul<br>reul | rule<br>roule |
| car<br>care | care<br>kére | gat<br>gate | gate<br>ghéte | nam<br>name | name<br>néme | sal<br>sal | sale<br>séle |
| cap<br>cape | cape<br>képe | gor<br>gore | gore<br>gôre | nod<br>node | node<br>nôde | sam<br>same | same<br>séme |
| con<br>cone | cone<br>cóne | har<br>hare | hare<br>hére | nor<br>nore | nore<br>nôre | sid<br>side | side<br>saïde |
| cop<br>cope | cope<br>côpe | hat<br>hate | hate<br>héte | not<br>note | note<br>nôte | sir<br>seur | sire<br>saïre |
| dal<br>dale | dale<br>déle | her<br>heur | here<br>hire | od<br>ode | ode<br>ôde | sit<br>site | site<br>saïte |
| dam<br>dame | dame<br>déme | hid<br>hide | hide<br>haïde | pan<br>pane | pane<br>péne | sol<br>sole | sole<br>sôle |
| dar<br>dare | dare<br>dére | hop<br>hope | hope<br>hôpe | par<br>pare | pare<br>pére | sur<br>seur | sure<br>chioure |
| dat<br>date | date<br>déte | hol<br>hole | hole<br>hôle | pil<br>pile | pile<br>païle | tal<br>tale | tale<br>téle |
| din<br>dine | dine<br>daïne | kit<br>kite | kite<br>kaïte | pin<br>pine | pine<br>païne | tam<br>tame | tame<br>téme |
| dol<br>dole | dole<br>dôle | lad<br>lade | lade<br>léde | pol<br>pole | pole<br>pôle | tap<br>tape | tape<br>tépe |
| dom<br>dome | dome<br>dôme | mad<br>made | made<br>méde | por<br>pore | pore<br>pôre | tar<br>tare | tare<br>tére |
| dot<br>dote | dote<br>dôte | man<br>mane | mane<br>méne | rat<br>rate | rate<br>réte | tid<br>tide | tide<br>taïde |
| fam<br>fame | fame<br>féme | mar<br>mare | mare<br>mére | rid<br>ride | ride<br>raïde | tim<br>time | time<br>taïme |
| fan<br>fane | fane<br>féne | mat<br>mate | mate<br>méte | rip<br>ripe | ripe<br>raïpe | ton<br>tone | tone<br>tône |
| fat<br>fate | fate<br>féte | mil<br>mile | mile<br>maïle | rob<br>robe | robe<br>rôbe | top<br>tope | tope<br>tôpe |
| fin<br>fine | fine<br>faïne | mod<br>mode | mode<br>môde | rod<br>rode | rode<br>rôde | tub<br>teub | tube<br>tioube |
| fir<br>feur | fire<br>faïre | mol<br>mole | mole<br>môle | rop<br>rope | rope<br>rôpe | tun<br>teune | tune<br>tioune |

| | | | | | | | |
|---|---|---|---|---|---|---|---|
| van<br>vane | vane<br>vène | vil<br>vile | vile<br>vaile | vot<br>vote | vote<br>vôte | win<br>ouine | wine<br>ouaïne |
| val<br>vale | vale<br>vèle | vin<br>vine | vine<br>vaïne | wid<br>ouide | wide<br>ouaïde | wir<br>ouir | wire<br>ouaïr |

## LEÇONS SUR LES MOTS D'UNE SYLLABE.

### Leçon 1.

| | | |
|---|---|---|
| A mad ox<br>É made ox<br>Un bœuf enragé | A wild colt<br>É ouaïlde côlte<br>Un poulain sauvage | A live calf<br>É laive kâf<br>Un veau vivant |
| An old man<br>An ôlde mane<br>Un vieil homme | A tame cat<br>É téme cate<br>Un chat apprivoisé | A gold ring<br>É gôlde rigne<br>Une bague d'or |
| A new fan<br>É niou fane<br>Un nouvel éventail | A lean cow<br>É line caou<br>Une vache maigre | A warm muff<br>É ouarm meuf<br>Un manchon chaud |

### Leçon 2.

| | | |
|---|---|---|
| A fat duck<br>É fate deuk<br>Un canard gras | A lame pig<br>É léme pigue<br>Un cochon boiteux | A good dog<br>É goude dogue<br>Un bon chien |
| He can call<br>Hi cane câul<br>Il peut appeler | You will fall<br>Iou ouil fâul<br>Vous tomberez | He may beg<br>Hi mé bègue<br>Il peut demander |
| You can tell<br>Iou cane tel<br>Vous pouvez dire | He must sell<br>Hi meust sel<br>Il doit vendre | I will run<br>Aï ouil reune<br>Je courrai |
| I am tall<br>Aï ame tâul<br>Je suis grand | I shall dig<br>Aï chal dig<br>Je creuserai | Tom was hot<br>Tom ouaz hote<br>Tom avait chaud |

## Leçon 3.

| | | |
|---|---|---|
| She is well<br>Chi iz ouel<br>Elle se porte bien | He did laugh<br>Hi dide lâf<br>Il a ri | He is cold<br>Hi iz cölde<br>Il a froid |
| You can walk<br>Iou can ouâuk<br>Vous pouvez marcher | Ride your nag<br>Raïde iour nague<br>Montez votre petit cheval | Fly your kite<br>Flaï iour kaïte<br>Enlevez votre cerf-volant |
| Do not slip<br>Dou note slipe<br>Ne glissez pas | Ring the bell<br>Rigne thi bel<br>Sonnez la cloche | Give it me<br>Ghive ite mi<br>Donnez-le-moi |
| Fill that box<br>Fil thate box<br>Remplissez cette boite | Spin the top<br>Spine thi tope<br>Faites tourner la toupie | Take your hat<br>Teke your hate<br>Prenez votre chapeau |

## Leçon 4.

| | | |
|---|---|---|
| Take this book<br>Téke thice bouk<br>Prenez ce livre | Toss that ball<br>Toss thate bâul<br>Lancez cette balle | Buy it for us<br>Baï ite for euss<br>Achetez-le pour nous |
| A good boy<br>É goude boï<br>Un bon garçon | A sad dog<br>É sade dogue<br>Un chien triste | A new whip<br>É niou houip<br>Un nouveau fouet |
| A bad man<br>É bade mane<br>Un méchant homme | A soft bed<br>É softe bède<br>Un lit mou | Get your book<br>Ghète iour bouk<br>Prenez votre livre |
| A dead girl<br>É dède gheurl<br>Une fille morte | A nice cake<br>É naïce kéke<br>Un beau gâteau | Go to the door<br>Go tou thi dòre<br>Allez à la porte |
| A fine lad<br>É faïne lade<br>Un beau garçon | A long stick<br>É logne stik<br>Un long bâton | Come to the fire<br>Come tou thi faïre<br>Venez près du feu |

## Leçon 5.

| | | |
|---|---|---|
| Speak out<br>Spik aoute<br>Parlez nettement | Do you love me<br>Dou iou leuve mi<br>M'aimez-vous | Come and read<br>Keume an'd ride<br>Venez lire |
| Do not cry<br>Dou note craï<br>Ne pleurez pas | Be a good girl<br>Bi é goude gheurl<br>Soyez bonne fille | Hear what I say<br>Hir houote aï sé<br>Écoutez ce que je dis |

I love you I like good boys Do as you are bid
Aï leuve iou Aï laïke goude boiz Dou az iou are bide
Je vous aime J'aime les bons enfants. Faites ce qu'on vous dit
Look at it All will love you Mind your book
Louk ate ite Aul ouil leuve iou Maïn'd iour bouk
Regardez-y Tout le monde vous aimera Occupez-vous de votre livre.

Leçon 6.

Come, James, make haste. Now read your
Keume, Djém'z, meke héste. Naou ride iour
Venez, James, dépêchez-vous. Maintenant lisez votre
book. Here is a pin to point with. Do not
bouk. Hire iz é pine tou poïn't ouith. Dou note
livre. Voilà une épingle pour suivre avec. Ne déchirez
tear the book. Spell that word. That is a good
tère thi bouk. Spel thate oueurde. Thate iz é goude
pas le livre. Épelez ce mot. Voilà un bon
boy. Now go and play till I call you in.
boi. Naou go an'd plé til aï càul iou ine.
garçon. Maintenant allez jouer jusqu'à ce que je vous rappelle.

Leçon 7.

A cat has soft fur and a long tail. She looks
È kate haz softe feur an'd é logne tele. Chi loukee
Un chat a une douce fourrure et une longue queue. Il paraît
meek, but she is sly; and if she finds a rat or a
mike, beute chi iz slaï; an'd if chi faïn'dz é rate or é
doux, mais il est sournois; et s'il trouve un rat ou une
mouse, she will fly at him, and kill him soon.
maouce, chi ouil flaï ate hime, an'd kil hime sounc.
souris, il courra dessus, et le tuera bien vite.
She will catch birds and kill them.
Chi ouil catche beurdz an'd kil thème.
Il attrapera les oiseaux et les mangera.

Leçon 8.

When you have read your book, you shall
Houène iou have rède iour bouk, iou chal
Quand vous aurez lu votre livre, vous irez

go to play. Will you have a top, or a ball,
gô tou plé. Ouil iou have é tope, or é bâul,
jouer. Voulez-vous une toupie, ou une balle,

or a kite to play with? If you have a top, you
or é kaïte tou plé ouith? If iou have é tope, iou
ou un cerf-volant pour jouer avec? Si vous avez une toupie, vous

should spin it; if you have a ball, you must toss
choude spine ite; if iou have é bâul, iou meuste toce
la ferez tourner; si vous avez une balle, vous la lancerez;

it; if you have a kite, you ought to fly it.
ite; if iou have é kaïte, iou âute tou flaï ite.
si vous avez un cerf-volant, vous l'enlèverez.

---

## Leçon 9.

The sun shines. Open your eyes, good girl.
Thi seune chaïn'z. Op'n iour aïz, goude gheurl.
Le soleil brille. Ouvrez vos yeux, bonne fille.

Get up. Maid, come and dress Jane. Boil
Ghète eupe. Méde, keume an'd dress Djéne. Boïl
Levez-vous. La bonne, venez habiller Jane. Faites bouillir

some milk for a poor girl. Do not spill the
seume milke for é pour gheurl. Dou note spil thi
du lait pour la pauvre enfant. Ne perdez pas le

milk. Hold the spoon in your right hand. Do
milke. Hôlde thi spoune in iour raïte han'd. Dou
lait. Tenez votre cuiller de la main droite. Ne

not throw the bread on the ground. Bread is
note *thrô* thi brède on thi graoun'd. Brède iz
jetez pas le pain par terre. Le pain est

made to eat, and you must not waste it.
méde tou ite, an'd iou meuste note ouéste ite.
fait pour se manger, et vous ne devez pas le perdre.

---

## Leçon 10.

What are eyes for?—To see with.
Houote are aïz for? — Tou si ouith.
A quoi servent les yeux?—A voir.

What are ears for?—To hear with.
Houote are iiz for? — Tou hir ouith.
A quoi servent les oreilles?—A entendre.

What is a tongue for?—To talk with.
Houote is é treugn'g for? — Tou tânk ouith.
A quoi sert la langue?—A parler.

What are teeth for?—To eat with.
Houote are tith for? — Tou ite ouith.
A quoi servent les dents?—A manger.

What is a nose for?—To smell with.
Houote iz é nôze for? — Tou smel ouith.
A quoi sert le nez?—A sentir.

What are legs for?—To walk with.
Houote are legz for? — Tou ouâuk ouith.
A quoi servent les jambes?—A marcher.

What are books for?—To learn with.
Houote are boukce for? — Tou lerne ouith.
A quoi servent les livres?—A apprendre.

## EXERCICES SUR LES MOTS D'UNE SYLLABE

### CONTENANT LES DIPHTHONGUES

ai, ei, oi, ea, oa, ie, ue, ui, au, ou.

| | | | | |
|---|---|---|---|---|
| aid<br>éde | rain<br>réne | air<br>ére | said<br>séde | vein<br>véne |
| laid<br>léde | faint<br>fén't | fair<br>fére | saith<br>séth | feign<br>féne |
| maid<br>méde | paint<br>pén't | hair<br>hère | neigh<br>naï | rein<br>réne |
| paid<br>péde | saint<br>sén't | pair<br>pére | weigh<br>ouaï | heir<br>ére |
| gain<br>ghéne | plaint<br>plén't | bait<br>béte | eight<br>éte | their<br>thére |
| main<br>méne | plait<br>pléte | gait<br>ghéte | weight<br>ouéte | height<br>haïte |
| pain<br>péne | faith<br>féth | wait<br>ouéte | reign<br>réne | voice<br>voïce |

choice
tchoïce
void
voïde
soil
soïl
toil
toïl
joint
djoïn't
point
poïn't

---

pea
pi
sea
si
tea
ti
flea
fli
each
itche
beach
bitche
leach
litche
peach
pitche
reach
ritche
teach
titche
beak
bik
peak
pik
leak
lik
weak
ouik

deal
dil
meal
mil
peal
pil
seal
sil
teal
til
beam
bim
ream
rim
seam
sim
team
tim
dean
dine
mean
mine
lean
line
clean
cline
glean
gline
heap
hipe
leap
lipe
reap
ripe
ear
ir
dear
dir
fear
fir

hear
hir
near
nir
sear
sir
year
yir
ease
ize
pease
pize
tease
tize
please
plize
seas
size
fleas
flize
peace
pice
grease
grice
east
iste
beast
biste
feast
fiste
least
liste
eat
ite
beat
bite
feat
fite
heat
hite

meat
mite
neat
nite
peat
pite
realm
relme
dealt
delte
health
hel*th*
wealth
ouel*th*
stealth
stel*th*
breast
breste
sweat
souète
threat
*th*rète
death
de*th*
breath
bre*th*
search
sertche
earl
erl
pearl
perl
earn
ern
learn
lern
earth
er*th*
dearth
der*th*

hearth
har*th*
heart
harte
great
grète
bear
ber
pear
per

---

coach
côtche
poach
pôtche
roach
rôtche
goad
gôde
load
lôde
road
rôde
loaf
lôfe
oak
ôke
coal
côle
foal
fôle
loan
lône
moan
mône
groan
grône
oar
ôre
boar
bôre

roar
rôre
soar
sôre
boast
bôste
roast
rôste
toast
tôste
boat
bôte
coat
côte
throat
*th*rôte
broad
brôde
groat
grôte

---

brief
brif
chief
tchif
grief
grif
thief
*th*if

liege
lidje
mien
mine
siege
sidje
field
filde
wield
ouilde
shield
childe
fierce
firce
pierce
pirce
grieve
grive
thieve
*th*ive
lies
laïze
pies
païze
ties
taïze

---

quest
koueste

guest
gheste

---

suit
sioute
fruit
froute
juice
djiouce
bruise
brouze
cruise
crouze
build
bilde
guild
ghilde
built
bilte
guilt
ghilte
guise
gaïze

---

fraud
frâude
daunt
dâun't
jaunt
djâun't

haunt
hâun't
caught
câute
taught
tâute
fraught
frâute
aunt
an't

---

loud
laoude
cloud
claoude
plough
plaou
bough
baou
bound
baoun'd
found
faoun'd
hound
haoun'd
pound
paoun'd
wound
ououn'd

sour
saour
flour
flaour
bout
baoute
gout
gaoute
doubt
daoute
bought
bâute
thought
*th*âute
ought
âute
though
thô
four
fôre
pour
paour
tough
teuf
rough
reuf
your

---

## MOTS D'UNE SYLLABE

### A PRONONCIATION IRRÉGULIÈRE.

Ache
èke
adze
adze

aisle
aïle
yacht
yate

laugh
lâfe
toe
tô

choir
kouaïr
pique
pique

lieu
liou
quay
ki

| | | | | |
|---|---|---|---|---|
| schism<br>sizme | drachm<br>drame | nymph<br>nim'f | quoif<br>kouoïf | quoit<br>kouoïte |
| czar<br>zar | hymn<br>hime | gaol<br>djéle | aye<br>éi | ewe<br>iou |

## MOTS DE DEUX SYLLABES

### AVEC L'ACCENT SUR LA PREMIÈRE.

| | | | |
|---|---|---|---|
| Abba<br>ab'a | agent<br>é'djen't | ambush<br>am'bouche | arbour<br>ar'beur |
| abbot<br>ab'eute | agile<br>a'djile | angel<br>én'djel | archer<br>artch'eur |
| abject<br>ab'djekt | ague<br>é'ghiou | anger<br>agn'gheur | ardent<br>ar'den't |
| accent<br>ac'cen't | ailment<br>él'men't | angle<br>agn'gl' | argent<br>ar'djen't |
| acid<br>a'cide | airy<br>é'ri | angry<br>agn'gri | argue<br>ar'ghiou |
| acorn<br>é'korne | alder<br>al'deur | annals<br>an'nalz | arid<br>ar'ide |
| acre<br>é'keur | alley<br>al'é | answer<br>an'seur | armour<br>arm'eur |
| acrid<br>ak'ride | almond<br>al'meun'd | antic<br>an'tik | artful<br>art'foul |
| active<br>ak'tive | also<br>âul'so | anvil<br>an'vil | artist<br>art'iste |
| actor<br>ak'teur | altar<br>âul'teur | any<br>é'ni | ashes<br>ach'iz |
| adage<br>a'dédje | alter<br>âul'teur | apple<br>ap'pl' | asker<br>ask'eur |
| adder<br>ad'eur | always<br>âul'ouèze | april<br>é'pril | aspect<br>as'pekte |
| adverb<br>ad'verbe | amber<br>am'beur | apron<br>é'peurne | aspen<br>as'p'n |
| after<br>af'teur | amble<br>am'bl' | aptness<br>apt'ness | assets<br>as'setce |

| | | | |
|---|---|---|---|
| audit<br>àu'dite | banker<br>bagn'keur | bearer<br>ber'eur | binder<br>baïn'd'eur |
| author<br>àu'theur | banner<br>ban'eur | beastly<br>bist'li | birchen<br>beur'tch'n |
| awful<br>âu'foul | banquet<br>ban'kouète | beater<br>bi'teur | birdlime<br>beurd'laïme |
| axis<br>ak'ciz | banter<br>ban'teur | beauty<br>biou'ti | birthday<br>beur*th*'dé |
| azure<br>é'jiour | baptism<br>bap'tizme | beehive<br>bi'haïve | bishop<br>bich'eupe |
| Babble<br>bab'bl' | barber<br>bar'beur | beggar<br>begh'eur | bitter<br>bit'eur |
| baby<br>bé'bi | bargain<br>bar'ghine | being<br>bi'igne | blacken<br>blak'k'n |
| backbite<br>bak'baïte | barley<br>bar'li | bedtime<br>bed'taïme | bladder<br>blad'eur |
| backward<br>bak'oueurde | baron<br>bar'eune | belman<br>bel'mane | blandish<br>blan'd'iche |
| bacon<br>bé'k'n | barren<br>bar'ène | belly<br>bel'li | blanket<br>blan'k'ite |
| bailiff<br>bé'lif | barrow<br>bar'ô | berry<br>ber'i | blemish<br>blem'iche |
| baker<br>bé'keur | barter<br>bar'teur | besom<br>bi'zeume | blindfold<br>blaïn'd'fôlde |
| balance<br>bal'an'ce | bashful<br>bach'foul | better<br>bet'eur | blister<br>blis'teur |
| baldness<br>bâuld'nèce | basin<br>bé's'n | bevy<br>bev'i | bloody<br>bleud'i |
| ballad<br>bal'ade | basket<br>bas'kète | bias<br>baï'ass | blooming<br>bloum'igne |
| ballast<br>bal'aste | bastard<br>bas'tarde | bible<br>baï'bl' | blossom<br>blos'seume |
| bandage<br>ban'dédje | bawling<br>bâul'igne | bidder<br>bid'eur | blowing<br>blô'igne |
| bandy<br>ban'di | beacon<br>bi'k'n | bigness<br>big'ness | blubber<br>bleub'eur |
| baneful<br>béne'foul | beadle<br>bi'dl' | bigot<br>bigh'eute | blueness<br>bliou'ness |
| banish<br>ban'iche | beamy<br>bi'mi | billet<br>bil'ite | blunder<br>bleun'deur |

bluster
bleus'teur

boarder
bôr'deur

boaster
bôst'eur

body
bod'i

boggle
bog'gl'

boiler
boil'eur

bolster
bôl'steur

bondage
bon'd'edje

bonfire
bon'faïre

bonnet
bon'ite

bony
bô'ni

booby
bou'bi

booty
bou'ti

border
bor'deur

borrow
bor'ô

bottle
bot'tl'

bottom
bot'eume

bounty
baoun'ti

bower
baou'eur

boxer
box'eur

boyish
boï'iche

bracelet
brèce'lète

bracket
brak'ite

bragger
bragh'eur

bramble
bram'bl'

brandish
bran'd'iche

bravely
brève'li

brawny
brâu'ni

brazen
bré'z'n

breakfast
brek'faste

brewer
brou'eur

briber
braï'beur

bridal
braï'dal

bridemaid
braïde'mède

bridle
braï'dl'

briefly
brif'li

briar
braï'eur

brimmer
brim'eur

brimstone
brim'stône

briny
braï'ni

bristle
bris'sl'

brittle
brit'tl'

broker
brô'keur

brutal
brou'tal

brutish
brou'tiche

bubble
beub'bl'

bucket
beuk'ite

buckle
beuk'kl'

budget
beud'jète

buffet
beuf'ète

bugbear
beug'bère

bugle
biou'gl'

bulky
beul'ki

bullet
boul'ite

bulrush
boul'reuche

bulwark
boul'oueurke

bumper
beum'peur

bundle
beun'dl'

bungle
beun'gl'

burden
beur'd'n

burgess
beur'djess

burner
beurn'eur

bushel
bouch'il

bustle
beus'sl'

butcher
boutch'eur

butler
beut'leur

butter
beut'eur

buxom
beuk'seume

buzzard
beuz'eurde

Cabbage
kab'idje

cabin
kab'ine

cable
ké'bl'

cadence
ké'deu'ce

calling
kâul'igne

callous
kal'leuss

cancel
kan'cil

cancer
kan'ceur

candid
kan'dide

candle
kan'dl'

canker
kagn'keur

capon ke'p'n
captain kap'tine
capture kap'tchiour
careful kér'foul
carnage kar'nidje
carrot kar'eute
carpet kar'pite
carter kart'eur
castle kas'sl'
caudle kâu'dl'
cavil kav'il
caustic kâus'tik
cedar ci'deur
ceiling cil'igne
cellar cel'eur
censure cen'chiour
centre cen'teur
certain cer'tine
chamber tchém'beur
chancel tchan'cel
chandler tchan'dleur
chaplain tchap'line
chaplet tchap'lète
chapman tchap'mane
chapter tchap'teur
charcoal tchar'kôle
charger tchar'djeur
cheerful tchir'foul
chemist kim'iste
cherish tcher'iche
cherry tcher'i
chestnut tchest'neute
chiefly tchif'li
childhood tchaïld'houde
children tchil'drène
chimney tchim'ni
chisel tchiz'il
christen kris's'n
chuckle tcheuk'kl'
churlish tcheurl'iche
cider çaï'deur
cinder cin'deur
cipher çaï'feur
circle ceur'kl'
cistern cis'teurne
citron ci'treune
city ci'ti
clamber clam'beur
clammy clam'i
clamour clam'eur
claret klar'ète
classic klas'sik
cleanly klin'li
clergy kler'dji
clever klev'eur
client klaï'en't
climate klaï'méte
cloister klois'teur
closer klô'zeur
closet klo'zéte
cloudy klaou'di
clover klô'veur
clownish klaoun'iche
cluster kleus'teur
clumsy kleum'zi
cobbler kob'leur
cobweb kob'ouèbe
coffee kof'i
coldness kôld'ness
collar kol'eur
collect kol'lekte
college kol'edje
colour keul'eur
combat keum'bate
comely keum'li
comer keum'eur
comet keum'ète
comfort keum'feurte
commerce kom'erce
common kom'eune

comrade
kom'réde
concert
kon'certe
conduct
kon'deukt
conduit
keun'dite
conquer
kogn'keur
constant
kon'stan't
consul
kon'seul
contest
kon'teste
contract
kon'trakte
convent
kon'ven't
convict
kon'vikte
cooler
koul'eur
cooper
koup'eur
copper
kop'eur
copy
kop'i
cordage
kor'didge
corner
kor'neur
costly
kost'li
cotton
kot't'n
cover
kov'eur

council
kaoun'cil
counsel
kaoun'cel
county
kaoun'ti
couplet
keup'lète
courtly
kôrt'li
coward
kaou'eurde
cousin
koz'z'n
cracker
krak'eur
crafty
kraf'ti
creature
kri'tchiour
credit
cred'ite
crudely
kroud'li
cruel
krou'il
cruet
krou'ite
crumple
kreum'pl'
crusty
kreus'ti
crystal
kris'tal
cudgel
keud'jil
culprit
keul'prite
curate
kiou'réte

curdle
keur'dl'
curfew
keur'fiou
currant
keur'an't
curtesy
keurt'ci
curtain
keur'tine
custard
keus'teurde
custom
keus'teum
cutler
keut'leur
cynic
cin'ik
cypress
çaï'press
Dabble
Dab'bl'
danger
dén'djeur
dagger
dagh'eur
daily
dé'li
dainty
dén'ti
damsel
dam'zel
dancer
dan'ceur
dandle
dan'dl'
darkness
dark'ness
darling
dar'ligne

dearly
dir'li
deadly
ded'li
deathless
de*th*'less
debtor
det'eur
decent
di'cen't
deluge
del'ioudje
dictate
dik'téte
diet
daï'ète
differ
dif'eur
dimness
dim'ness
dinner
din'eur
discord
dis'korde
dismal
diz'mal
distance
dis'tan'ce
doer
dou'eur
dollar
dol'eur
dolphin
dol'fine
donor
dô'neur
dormant
dor'man't
doublet
deub'lète

doubtful
daout'foul

doughty
daou'ti

draggle
drag'gl'

dragon
dragh'eune

draper
dré'peur

drawer
drâu'eur

dreadful
dred'foul

dreamer
drim'eur

driver
draï'veur

dropsy
drop'ci

drummer
dreum'eur

duel
diou'il

dukedom
diouk'deume

dulness
deul'ness

durance
diou'ran'ce

duty
diou'ti

dwelling
douel'igne

Eager
i'gheur

eagle
i'gl'

easter
ist'eur

eater
it'eur

early
er'li

earthen
er*th*'ène

echo
ek'ô

eddy
ed'i

edict
i'dikt

effort
ef'forte

egress
i'gress

either
i'theur

elbow
el'bô

elder
el'deur

emmet
em'ite

empire
em'païre

empty
em'ti

endless
en'd'less

enter
en'teur

entry
en'tri

envoy
en'voï

envy
en'vi

epic
ep'ik

equal
i'koual

error
er'reur

essay
es'sé

essence
es'sen'ce

even
i'v'n

ever
ev'eur

evil
i'v'l

Fable
fé'bl'

fabric
fab'rik

faggot
fagh'eute

faintness
fén't'ness

faithful
fé*th*'foul

falcon
fâu'k'n

falsehood
fâuls'houde

famine
fam'ine

famish
fam'iche

famous
fé'meuss

fancy
fan'ci

farmer
farm'eur

farther
far'theur

fasten
fas's'n

fatal
fé'tal

father
fâ'theur

favour
fé'veur

fearful
fir'foul

feather
feth'eur

feeble
fi'bl'

feeling
fil'igne

fellow
fel'ô

felon
fel'eune

female
fi'méle

fertile
fer'tile

fervent
fer'ven't

fever
fi'veur

fiddle
fid'dl'

figure
figh'iour

filthy
fil'thi

final
faï'nal

finger
fign'gheur

finish
fin'iche

firmness — ferm'ness
flavour — flé'veur
fleshly — flech'li
florist — flo'riste
flower — flaou'eur
follow — fol'ô
folly — fol'i
foolish — foul'iche
footstep — fout'stèpe
foresight — fôr'saïte
forehead — fôr'hède
forest — fôr'este
formal — for'mal
former — for'meur
fortnight — fort'naïte
fortune — for'tchioune
fountain — faoun'tine
fragrant — fré'gran't
freely — fri'li
frenzy — fren'zi

friendly — fren'd'li
frigate — frig'ate
frosty — fros'ti
fruitful — frout'foul
furnace — feur'nèce
furnish — feur'niche
furrow — feur'ô
further — feur'theur
fury — fiou'ri
futile — fiou'til
future — fiou'tchiour
Gabble — gab'bl'
gainful — ghén'foul
gallant — gal'an't
galley — gal'i
gallon — gal'one
gallop — gal'eup
gamble — gam'bl'
gamester — ghém'steur
gammon — gam'eune

gauntlet — gâun't'lète
garbage — gar'bidje
garden — gar'dène
garland — gar'lan'd
garment — gar'men't
garner — gar'neur
garnish — gar'niche
garret — gar'ète
garter — gar'teur
gather — ga'theur
gaudy — gâu'di
gazer — ghé'zeur
gelding — gheld'igne
gender — djen'deur
gentile — djen'taïle
gentle — djen't'l
giant — djaï'an't
gibbet — djib'ite
giddy — ghid'i
giggle — ghig'gl'

gilder — ghild'eur
ginger — djin'djeur
girdle — gher'dl'
girlish — gherl'iche
giver — ghiv'eur
gladden — glad'd'n
glisten — glis's'n
gloomy — glou'mi
glory — glô'ri
glossy — glos'si
glutton — gleut'eune
gnashing — nach'igne
goblet — gob'lète
godly — god'li
goer — gô'eur
golden — gôl'd'n
gospel — gos'pel
gossip — gos'ipe
grammar — gram'ar
grassy — gras'i

graver — gré'veur
gravy — gré'vi
greasy — gri'zi
greatly — grèt'li
greedy — gri'di
grievance — griv'an'ce
grinder — graïn'd'eur
grisly — griz'li
gristly — gris'li
grocer — grô'ceur
guilty — ghilt'i
gunner — gheun'eur
Habit — hab'ite
hackney — hak'ni
haggard — hag'arde
hairy — hé'ri
halter — hâul'teur
hamlet — ham'lète
handful — han'd'foul
handmaid — han'd'méde

handsome — han'd'seum
hanger — hagn'eur
happen — hap'p'n
happy — hap'i
harass — har'ass
harbour — har'beur
harden — har'd'n
hardy — har'di
harmful — harm'foul
harness — har'ness
harrow — har'ô
harvest — har'veste
hasten — hé's'n
hatred — hé'trède
haughty — hâu'ty
hazard — haz'eurde
hazel — hé'z'l
hazy — hé'zi
heady — hed'i
healing — hil'igne

hearken — har'k'n
hearten — har't'n
heathen — hi'*th*'n
heaven — hev'v'n
heavy — hev'i
hebrew — hi'brou
hector — hek'teur
heedful — hid'foul
helmet — hel'mite
helper — help'eur
helpful — help'foul
hemlock — hem'lok
herbage — er'bidje
hermit — her'mite
herring — her'igne
highness — haï'ness
hillock — hil'euk
hinder — hin'deur
hireling — haïr'ligne
hogshead — hogz'hède

holdfast — hôld'faste
hollow — hol'ô
holy — hô'li
homage — hom'edje
homely — hôme'li
honest — on'este
honour — on'eur
hopeful — hôpe'foul
horrid — hor'id
horror — hor'eur
hostess — hôst'ess
hostile — hos'tile
hourly — aour'li
household — haous'hôld
human — hiou'mane
humble — eum'bl'
humour — iou'meur
hunger — heugn'gheur
hunter — heun'teur
hurry — heur'i

hurtful
heurt'foul
husky
heus'ki
hyssop
hiz'eup
Idler
aï'dleur
idol
aï'deul
image
im'idje
incense
in'cen'ce
income
in'keume
infant
in'fan't
inkstand
ign'k'stan'd
inmost
in'môste
inquest
in'koueste
inroad
in'rôde
insect
in'sekte
insult
in'seulte
into
in'tou
iron
aï'eurn
issue
ich'iou
Jabber
Djab'eur
jangle
djagn'gl'

jargon
djar'gheune
jasper
djas'peur
jealous
djel'euss
jelly
djel'i
jester
djes'teur
Jesus
Dji'zeuss
jewel
djiou'il
jewish
djiou'iche
joiner
djoï'neur
jointure
djoïn'tchiour
jolly
djol'i
journal
djeur'nal
journey
djeur'ni
joyful
djoï'foul
joyous
djoï'euss
judgment
djeudj'men't
juicy
djiou'ci
jury
djiou'ri
justice
djeus'tice
Keenness
Kin'ness

keeper
kip'eur
kennel
ken'il
kernel
ker'nil
kettle
ket'tl'
keyhole
ki'hôle
kindness
kaïn'd'ness
kingdom
kign'deum
kinsman
kin'z'manc
kitchen
kitch'ine
knavish
né'viche
kneeling
nil'igne
knowing
nô'igne
knowledge
nô'ledje
knuckle
neuk'kl'
Label
Lé'bel
labour
lé'beur
ladder
lad'eur
ladle
lé'dl'
lady
lé'di
lambkin
lam'kine

lancet
lan'cite
landlord
lan'd'lorde
landscape
lan'd'sképe
language
lagn'gouidje
languid
lagn'gouide
larder
lar'deur
latter
lat'eur
laughter
lâf'teur
lawful
lâu'foul
leader
lid'eur
learning
lern'igne
leather
leth'eur
lengthen
legn'*th*'n
leper
lep'eur
licence
laï'cen'ce
lifeless
laïf'less
lighten
laï't'n
lightning
laït'nigne
limit
lim'ite
lion
laï'eune

litter
lit'eur
little
lit'tl'
lively
liv'li
liver
liv'eur
lizard
liz'eurde
leading
lid'igne
lobster
lob'steur
locket
lok'ite
lodgment
lodj'men't
lofty
lof'ti
lordly
lord'li
loudness
laoud'ness
lovely
leuv'li
lover
leuv'eur
lowly
lô'li
lucky
leuk'i
lyric
lir'ik
Maggot
Magh'eute
major
mé'djeur
maker
mé'keur

manly
man'li
manner
man'eur
mantle
man'tl'
many
mé'ni
marble
mar'bl'
market
mar'kite
marksman
markz'mane
marrow
mar'ô
marquis
mar'kouiss
marshall
mar'chal
martyr
mar'teur
mason
mé's'n
master
mas'teur
matter
mat'eur
mayor
mé'eur
meaning
min'igne
measure
mej'iour
meddle
med'dl'
meekness
mik'ness
member
mem'beur

menace
men'éce
mender
men'deur
mental
men'tal
mercer
mer'ceur
merchant
mer'tchan't
mercy
mer'ci
merit
mer'ite
metal
met'tl'
method
meth'eude
middle
mid'dl'
mighty
maï'ti
mildness
maïld'ness
milky
mil'ki
miller
mil'eur
millstone
mil'stône
mimic
mim'ik
mindful
maïn'd'foul
mischief
mis'tchif
miser
maï'zeur
mixture
mix'tchiour

mocker
mok'eur
model
mod'el
modern
mod'eurne
modest
mod'este
moment
mô'men't
monkey
meugn'ki
monster
mon'steur
monthly
meun'*th*'li
moral
mor'al
mortal
mor'tal
mostly
môst'li
mother
meuth'eur
motive
mô'tive
movement
mouv'men't
mountain
maoun'tine
mournful
môrn'foul
muffle
meuf'fl'
murder
meur'deur
murmur
meur'meur
mushroom
meuch'roum

| | | | |
|---|---|---|---|
| music<br>miou'zik | negro<br>ni'grô | Oafish<br>ôf'iche | other<br>euth'eur |
| musket<br>meus'kite | neighbour<br>né'beur | oaken<br>ô'k'n | over<br>ô'veur |
| muslin<br>meus'line | neither<br>ni'theur | oatmeal<br>ôt'mil | outcast<br>aout'kaste |
| mustard<br>meus'teurde | nephew<br>nev'iou | object<br>ob'djekt | outrage<br>aout'rédje |
| musty<br>meus'ti | nervous<br>ner'veuss | oblong<br>ob'logne | outward<br>aout'oueurde |
| mutton<br>meut't'n | newly<br>niou'li | ochre<br>ô'keur | owner<br>ô'neur |
| mystic<br>mis'tik | niceness<br>naïce'ness | odour<br>ô'deur | oyster<br>ois'teur |
| Nailer<br>Né'leur | niggard<br>nigh'eurde | offer<br>of'eur | Pacer<br>pé'ceur |
| nameless<br>néme'less | nightcap<br>naït'kape | office<br>of'ice | package<br>pak'édje |
| napkin<br>nap'kine | nimble<br>nim'bl' | offspring<br>of'sprigne | packer<br>pak'eur |
| narrow<br>nar'ô | nipple<br>nip'pl' | ogle<br>ô'gl' | packet<br>pak'ite |
| native<br>né'tive | noble<br>nô'bl' | oilman<br>oïl'mane | pagan<br>pé'gane |
| nature<br>né'tchiour | nonage<br>non'édje | older<br>ôld'eur | painful<br>pén'foul |
| navel<br>né'vl' | nonsense<br>non'sen'ce | olive<br>ol'ive | painter<br>pén'teur |
| naughty<br>nâu'ti | nostril<br>nos'tril | omen<br>ô'mène | palace<br>pal'ece |
| navy<br>né'vi | nothing<br>neu*th*'igne | open<br>ô'p'n | palate<br>pal'ate |
| neatness<br>nit'ness | notice<br>nô'tice | orange<br>or'en'dje | paleness<br>péle'ness |
| needful<br>nid'foul | novel<br>nov'el | orchard<br>or'tcheurde | pallet<br>pal'ite |
| needle<br>ni'dl' | novice<br>nov'ice | order<br>or'deur | pamphlet<br>pam'flète |
| needy<br>ni'di | number<br>neum'beur | organ<br>organe | pancake<br>pan'kéke |

panic pan'ik
pantry pan'tri
paper pé'peur
parchment partch'men't
pardon par'deune
parent pé'ren't
parlour par'leur
parrot par'eute
parry par'i
parson par'seune
partner part'neur
party par'ti
pasture pas'tchiour
patent pé'ten't
pavement pév'men't
payment pé'men't
peacock pi'kok
pebble peb'bl'
pedant ped'an't
peevish pi'viche

penman pen'mane
penny pen'i
people pi'pl'
pepper pep'eur
perfect per'fekt
peril per'il
perish per'iche
person per'seune
pertness pert'ness
petty pet'i
pewter piou'teur
phial faï'al
phrensy fren'zi
physic fiz'ik
picture pik'tchiour
pieces pi'ciz
pigmy pig'mi
pilgrim pil'grime
pillage pil'idje
pilot paï'leute

pincers pin'ceurz
piper paï'peur
pippin pip'ine
pirate paï'rate
pitcher pitch'eur
pittance pit'an'ce
pity pit'i
pivot piv'eute
places plé'ciz
placid plac'ide
plaintif plén'tif
planet plan'ète
planter plan'teur
plaster plas'teur
player plé'eur
pleasant plez'an't
pleasure plej'iour
plotter plot'eur
plumage pliou'midje
plummet pleum'ite

plumpness pleum'p'ness
plunder pleun'deur
poacher pôtch'eur
pocket pok'ite
poet pô'ète
poison poï'z'n
poker pô'keur
polar pô'lar
polish pol'iche
pompous pom'p'euss
ponder pon'deur
postage pôst'idje
posture pos'tchiour
potent pô'ten't
poultry pôl'tri
power paou'eur
powder paou'deur
practice prak'tice
praiser préz'eur
prancer pran'ceur

prattler
prat'leur
prayer
pré'eur
preacher
pritch'eur
precept
pri'cepte
preface
pref'ace
prelate
prel'ate
prelude
prel'ioude
presence
prez'en'ce
priesthood
prist'houde
primate
praï'mate
primer
prim'eur
princess
prin'cess
privy
priv'i
problem
pró'blème
produce
prod'iouce
product
prod'eukt
proffer
prof'eur
profit
prof'ite
progress
prog'ress
project
prôd'djekt

prologue
prôl'ogue
promise
prom'ize
prophet
prof'ite
prosper
pros'peur
proudly
praoud'li
prowess
praou'ess
prudence
prou'den'ce
psalmist
salm'iste
psalter
sâul'teur
public
peub'lik
publish
peub'liche
pudding
poud'igue
pulpit
peul'pite
pumper
peum'p'eur
puncture
peugn'k'tchiour
pungent
peun'djen't
punish
peun'iche
puppy
peup'i
pureness
piour'ness
purpose
peur'peuce

putrid
piou'tride
puzzle
peuz'zl'
Quadrant
koua'dran't
quagmire
kouag'maïre
quaintness
kouéu't'ness
quaker
koué'keur
quarrel
kouar'il
quarry
kouar'i
quarter
kouâur'teur
quaver
koué'veur
queerly
kouir'li
query
kouir'i
quibble
kouib'bl'
quicken
kouik'k'n
quickly
kouik'li
quicksand
kouik'san'd
quiet
kouaï'ète
quinsy
kouin'zi
quintal
kouin'tal
quiver
koui'veur

Rabbit
rab'ite
rabble
rab'bl'
racer
ré'ceur
radish
rad'iche
raiment
ré'men't
rainbow
rén'bò
rainy
ré'ni
raiser
rèz'eur
raisin
ré'z'n
rakish
ré'kiche
rally
ral'i
rampart
ram'parte
rancour
ragn'keur
random
ran'deum
ransom
ran'seum
ranter
ran't'eur
rapid
rap'ide
rapine
rap'ine
rapture
rap'tchiour
rashness
rach'ness

rather
rath'eur
rattle
rat'tl'
ravage
rav'idje
raven
ré'v'n
rawness
râu'ness
razor
ré'zeur
reader
rid'eur
ready
red'i
real
ri'al
reaper
rip'eur
reason
ri'z'n
rebel
reb'el
recent
ri'cen't
reckon
rek'k'n
rector
rek'teur
refuse
ref'iouze
rental
ren't'al
restless
rest'less
revel
rev'el
riband
rib'au'd

riches
ritch'iz
rider
raï'deur
rightful
raït'foul
rigour
righ'eur
riot
raï'cute
ripple
rip'pl'
rival
raï'val
river
riv'eur
robber
rob'eur
rocket
rok'ite
roller
rôl'eur
roman
rô'mane
romish
rô'miche
rosy
rô'zi
roundish
raoun'd'iche
rover
rô'veur
royal
roï'al
rubber
reub'eur
rubbish
reub'iche
ruby
rou'bi

rudder
reud'eur
rudeness
roud'ness
ruin
rou'ine
ruler
roul'eur
rumour
rou'meur
running
reun'igne
rupture
reup'tchiour
rustic
reus'tik
rusty
reus'ti
Sabbath
Sab'ath
sable
sè'bl'
sabre
sé'beur
saddle
sad'dl'
safely
séf'li
safety
séf'ti
saffron
saf'reune
sailor
sél'eur
salad
sal'ade
salmon
sam'eune
saltish
sâult'iche

salvage
sal'vidje
salver
sal'veur
sandal
san'dal
sandy
san'di
sanguine
san'gouine
satin
sat'ine
satire
sat'eur
savage
sav'idje
saucer
sâu'ceur
saver
sé'veur
sausage
sâu'sidje
sawyer
sâu'ieur
saying
sé'igne
scabbard
skab'eurde
scaffold
skaf'eulde
scamper
skam'peur
scandal
skan'dal
scarlet
skar'lète
scatter
skat'eur
scholar
skol'eur

| | | | |
|---|---|---|---|
| science<br>saï'en'ce | schackle<br>chak'kl' | silence<br>saï'len'ce | slothful<br>slô*th*'foul |
| scornful<br>skorn'foul | shadow<br>chad'ô | silent<br>saï'len't | slubber<br>sleub'eur |
| scripture<br>skrip'tchiour | shameful<br>chéme'foul | simple<br>sim'pl' | sluggard<br>sleugh'eurde |
| scruple<br>skreu'pl' | sharpen<br>char'p'n | simply<br>sim'pli | slumber<br>sleum'beur |
| sculpture<br>skeulp'tchiour | sharper<br>charp'eur | sinew<br>sin'iou | smelling<br>smel'igne |
| scurvy<br>skeur'vi | shatter<br>chat'eur | sinful<br>sin'foul | sneaking<br>snik'igne |
| seamless<br>sim'less | shearing<br>chir'igne | singer<br>sign'eur | snuffle<br>sneuf'fl' |
| season<br>si'z'n | shelter<br>chel'teur | single<br>sign'gl' | stocket<br>stok'ite |
| secret<br>si'krite | shepherd<br>chep'heurde | sinner<br>sin'eur | sodden<br>sod'd'n |
| seedless<br>sid'less | shilling<br>chil'igne | siren<br>saï'rène | soften<br>sof'f'n |
| seeing<br>si'igne | shining<br>chaï'nigne | sister<br>sis'teur | solace<br>sol'ace |
| seemly<br>sim'li | shipwreck<br>chip'rek | skilful<br>skil'foul | solemn<br>sol'ème |
| seller<br>sel'eur | shocking<br>chok'igne | skimmer<br>skim'eur | solid<br>sol'ide |
| senate<br>sen'ate | shoulder<br>chôld'eur | slander<br>slan'deur | sordid<br>sor'dide |
| sentence<br>sen'ten'ce | shower<br>chaou'eur | slavish<br>slév'iche | sorrow<br>sor'ô |
| sermon<br>ser'meune | shuffle<br>cheuf'fl' | sleeper<br>slip'eur | sorry<br>sor'i |
| serpent<br>ser'pen't | shutter<br>cheut'eur | sleepy<br>slip'i | sottish<br>sot'iche |
| servant<br>ser'van't | sicken<br>sik'k'n | slipper<br>slip'eur | soundness<br>saoun'd'ness |
| service<br>ser'vice | sickness<br>sik'ness | sliver<br>slaï'veur | sparkle<br>spar'kl' |
| shabby<br>chab'i | signal<br>sig'nal | sloppy<br>slo'pi | sparrow<br>spar'ô |

spatter
spat'eur
speaker
spik'eur
speedy
spi'di
spinner
spin'eur
spirit
spir'ite
spiteful
spaïte'foul
spoken
spô'k'n
sporting
sport'igne
sprinkle
sprign'kl'
squeamish
skouim'iche
stable
sté'bl'
stagger
stagh'eur
stagnate
stag'néte
standish
stan'd'iche
staple
sté'pl'
startle
star'tl'
stately
stéte'li
stating
sté'tigne
statue
stat'chiou
stature
stat'chiour

statute
stat'chioute
steadfast
sted'faste
steeple
sti'pl'
steerage
stir'idje
stiffen
stif'f'n
stifle
staï'fl'
stillness
stil'ness
stirrup
steur'eup
stomach
steum'euk
stony
stô'ni
stormy
stor'mi
story
sto'ri
stoutness
staout'ness
strangle
stragn'gl'
stricken
strik'k'n
strictly
strikt'li
striking
straï'kigne
stripling
strip'ligne
structure
streuk'tchiour
stubborn
steub'eurne

student
stiou'den't
subject
seub'djekt
succour
seuk'keur
sudden
seud'ine
suffer
seuf'eur
sullen
seul'ine
sultan
seul'tane
sultry
seul'tri
summer
seum'eur
summit
seum'ite
summons
seum'eun'z
sunday
seun'dé
sunder
seun'deur
sundry
seun'dri
supper
seup'eur
surety
chiour'ti
surfeit
seur'fite
surly
seur'li
surname
seur'néme
swallow
soual'ô

swanskin
souan'zkine
swarthy
souar'thi
swearing
souer'igne
sweaty
souet'i
sweeping
souip'igne
sweetness
souit'ness
swelling
souel'igne
swiftness
souift'ness
swimming
souim'igne
system
sis'tème
Tabby
tab'i
table
té'bl'
tackle
tak'kl'
taker
té'keur
talent
tal'en't
tallow
tal'ô
tally
tal'i
tamely
téme'li
tangle
tagn'gl'
tankard
tagn'keurde

| | | | |
|---|---|---|---|
| taper<br>té'peur | thicket<br>*th*ik'ète | token<br>tô'k'n | trespass<br>tres'pass |
| tardy<br>tar'di | thievish<br>*th*iv'iche | tonnage<br>teun'idje | tribune<br>trib'ioune |
| target<br>tar'djite | thinking<br>*th*ign'k'igne | torment<br>tor'men't | trickle<br>trik'kl' |
| tartar<br>tar'tar | thirsty<br>*th*eurst'i | torrent<br>tor'ren't | trifle<br>traï'fl' |
| taster<br>tes'teur | thorny<br>*th*orn'i | torture<br>tor'tchiour | triple<br>trip'pl' |
| tattle<br>tat'tl' | thousand<br>*th*aou'zan'd | total<br>tô'tal | triumph<br>traï'eum'f |
| tawdry<br>tâu'dri | threaten<br>*th*ret't'n | tower<br>taou'eur | trooper<br>troup'eur |
| tawny<br>tâu'ni | throbbing<br>*th*rob'igne | township<br>taoun'chip | trowsers<br>traou'zeurz |
| tailor<br>té'leur | thunder<br>*th*eun'deur | trading<br>tré'digne | truant<br>trou'an't |
| teller<br>tel'eur | thursday<br>*th*eurz'dé | traffic<br>traf'ik | truckle<br>treuk'kl' |
| temper<br>tem'peur | ticket<br>tik'ite | traitor<br>tré'teur | truly<br>trou'li |
| tempest<br>tem'pest | tidy<br>taï'di | trample<br>tram'pl' | trumpet<br>treum'p'ète |
| temple<br>tem'pl' | tillage<br>til'idje | transcript<br>tran'skript | trundle<br>treun'dl' |
| tempter<br>tem'teur | tiller<br>til'eur | transfer<br>tran's'fer | trusty<br>treus'ti |
| tender<br>ten'deur | timber<br>tim'beur | treason<br>tri'z'n | tuesday<br>tious'dé |
| terrace<br>ter'ace | timely<br>taïm'li | treasure<br>trej'iour | tulip<br>tiou'lip |
| terror<br>ter'eur | tincture<br>tign'k'tchiour | treatise<br>tri'tize | tumble<br>teum'bl' |
| thankful<br>*th*agn'k'foul | tiresome<br>taïr'seume | treatment<br>trit'men't | tumid<br>tiou'mide |
| thawing<br>*th*âu'igne | title<br>taï'tl' | treaty<br>tri'ti | tumour<br>tiou'meur |
| therefore<br>thère'fôre | toilet<br>toï'lète | tremble<br>trem'bl' | tumult<br>tiou'meulte |

| | | | |
|---|---|---|---|
| **tunnel**<br>teun'il | **urgent**<br>eur'djen't | **venture**<br>ven'tchiour | **vomit**<br>vom'ite |
| **turban**<br>teur'bane | **urine**<br>iou'rine | **verdant**<br>ver'dan't | **voyage**<br>voï'édje |
| **turbid**<br>teur'bide | **usage**<br>iou'zidje | **verdict**<br>ver'dikt | **vulgar**<br>veul'gheur |
| **turkey**<br>teur'ki | **useful**<br>iouce'foul | **vermin**<br>ver'mine | **vulture**<br>veul'tchiour |
| **turner**<br>teurn'eur | **usher**<br>euch'eur | **vervain**<br>ver'vine | **Wafer**<br>oué'feur |
| **turnip**<br>teurn'ipe | **utter**<br>eut'eur | **very**<br>ver'i | **waggish**<br>ouagh'iche |
| **turret**<br>teur'ète | **Vacant**<br>vé'kan't | **vesper**<br>ves'peur | **wagtail**<br>ouag'tèle |
| **turtle**<br>teur'tl' | **vagrant**<br>vé'gran't | **vicar**<br>vik'eur | **waiter**<br>oué'teur |
| **tutor**<br>tiou'teur | **vainly**<br>vén'li | **victor**<br>vik'teur | **wakeful**<br>ouéke'foul |
| **twilight**<br>touaï'laite | **valid**<br>val'ide | **vigour**<br>vigh'eur | **wallet**<br>oual'ite |
| **twinkle**<br>touign'kl' | **valley**<br>val'i | **villain**<br>vil'ine | **wallow**<br>oual'ô |
| **tymbal**<br>tim'bal | **vanish**<br>van'iche | **vintner**<br>vin't'neur | **walker**<br>ouâuk'eur |
| **tyrant**<br>taï'ran't | **vanquish**<br>vagn'kouiche | **viol**<br>vaï'eul | **walnut**<br>ouâul'neute |
| **Umpire**<br>eum'païre | **varlet**<br>var'lète | **viper**<br>vaï'peur | **wander**<br>ouan'deur |
| **uncle**<br>eugn'kl' | **varnish**<br>var'niche | **virgin**<br>ver'djine | **wanton**<br>ouan'teune |
| **under**<br>eun'deur | **vary**<br>vé'ri | **virtue**<br>ver'tchiou | **warlike**<br>ouâur'laïke |
| **upper**<br>eup'eur | **vassal**<br>vas'sal | **visage**<br>viz'idje | **warrant**<br>ouar'ran't |
| **upright**<br>eup'raite | **velvet**<br>vel'vite | **visit**<br>viz'ite | **wasteful**<br>ouéste'foul |
| **upshot**<br>eup'chote | **vender**<br>ven'deur | **vocal**<br>vô'kal | **water**<br>ouâu'teur |
| **upward**<br>eup'oueurde | **venom**<br>ven'eume | **volley**<br>vol'i | **watchful**<br>ouotch'foul |

| | | | |
|---|---|---|---|
| waver<br>oué'veur | welfare<br>ouel'fére | wisdom<br>ouiz'deume | yeoman<br>yô'mane |
| waylay<br>oué'lé | wheaten<br>houit't'n | witness<br>ouit'ness | yonder<br>yon'deur |
| weaken<br>oui'k'n | whisper<br>houis'peur | witty<br>ouit'i | younger<br>yeugn'gheur |
| weary<br>oui'ri | whistle<br>houis'sl' | woeful<br>ouô'ful | youthful<br>you*th*'foul |
| wealthy<br>ouel'thi | wholesome<br>hôle'seume | wonder<br>oueun'deur | Zany<br>zé'ni |
| weapon<br>ouep'p'n | wicked<br>ouik'ide | worship<br>oueur'chipe | zealot<br>zel'eute |
| weather<br>oueth'eur | widow<br>ouid'ô | Yearly<br>yir'li | zealous<br>zel'euss |
| weeping<br>ouip'igne | willing<br>ouil'igne | yearning<br>yern'igne | zephyr<br>zef'eur |
| weighty<br>oué'ti | winter<br>ouin'teur | yellow<br>yel'ô | zigzag<br>zig'zag |

## MOTS DE DEUX SYLLABES

### AVEC L'ACCENT SUR LA SECONDE.

| | | | |
|---|---|---|---|
| Abase<br>abéce' | accuse<br>akkiouz' | affair<br>affér' | alike<br>alaïk' |
| abjure<br>abdjiour' | acquire<br>akkouaïr' | affront<br>affreun't' | allude<br>allioude' |
| above<br>abeuv' | adduce<br>addiouce' | afraid<br>afred' | ally<br>allaï' |
| about<br>abaoute' | adhere<br>adhir' | again<br>aghèn' | aloft<br>aloft' |
| absolve<br>abzolv' | advice<br>advaïce' | against<br>aghén'st' | alone<br>alône' |
| absurd<br>abceurd' | advise<br>advaïze' | aggrieve<br>aggriv' | along<br>alogne' |
| account<br>akkaoun't' | afar<br>afar' | alert<br>alerte' | amaze<br>améze' |

amuse
amiouz'
annoy
annoï'
appeal
appil'
appear
appir'
appease
appize'
applaud
applâude'
apply
applaï'
appoint
appoïn't'
approach
apprôtch'
approve
approuv'
arise
araïz'
ascend
ascen'd'
ashore
achôr'
aside
açaïd'
assault
assâult'
assent
assen't'
assume
assioum'
assure
achiour'
attire
attaïr'
avail
avél'

avenge
aven'dje'
avow
avaou'
austere
âustir'
awake
aouéke'
awry
âuri'
Baptize
baptaïz'
because
bikâuz'
become
bikeum'
before
bifôr'
behead
bihed'
behold
bihôld'
believe
biliv'
beneath
bini*th*'
benign
binaïn'
beseech
bicitch'
beseem
bicim'
besides
biçaïdz'
besiege
bicidj'
besmear
bismir'
bespeak
bispik'

bestir
bisteur'
bestow
bistô'
bestride
bistraïde'
betimes
bitaïmz'
betray
bitré'
between
bitouine'
bewail
bi-ouél'
beware
bi-ouére'
bewitch
bi-ouitch'
beyond
biyeun'd'
bureau
biourô'
Cabal
kabal'
cajole
kadjôl'
carmine
karmaïne'
carouse
karaouz'
cascade
kaskéde'
cement
cimen't'
cockade
cokéde'
commit
komite'
commune
kommioune'

compare
kom'père'
complete
kom'plite'
comply
kom'plaï'
compound
kom'paoun'd'
conceal
kon'cil'
conceive
kon'civ'
concern
kon'cern'
concise
kon'çaïs'
conclude
kon'klioude'
concur
kon'keur'
condemn
kon'dème'
condign
kon'daïne'
conduce
kon'diouce'
conduct
kon'deukt'
confirm
kon'ferm'
confound
kon'faoun'd
confuse
kon'fiouz'
conjure
kon'djiour'
consign
kon'saïne'
conspire
kon'spaïr'

construct
kon'streukt'
contempt
kon'tem't'
contract
kon'trakt'
control
kon'tról'
convene
kon'vine'
convey
kon'vé'
convulse
kon'veulce'
corrupt
korreupt'
curtail
keurtéle'
Debar
dibar'
debase
dibéce'
debate
dibéte'
debauch
dibâutch'
decay
diké'
decease
diciz'
deceit
dicite'
deceive
diciv'
decide
diçaïde'
declaim
dikléme'
decline
diklaine'

decoy
dikoï'
decry
dikraï'
deduct
dideukt'
defame
diféme'
defeat
difite'
defraud
difrâud'
degree
digri'
delay
dilé'
delight
dilaïte'
delude
dilioude'
demur
dimeur'
demure
dimiour'
denounce
dinaoun'ce'
deny
dinaï'
deprave
dipréve'
deprive
dipraïv'
depute
dipioute'
deride
diraïde'
descant
deskan't'
descend
dicen'd'

describe
diskraïb'
desert
dizerte'
design
dizaïne'
desire
dizaïr'
desist
dicist'
despair
dispére'
despond
dispon'd'
destroy
distroï'
devour
divaour'
devout
divaoute'
diffuse
diffiouz'
digest
didjest'
dilate
diléte'
disarm
dizarm'
disburse
disbeurce'
discern
dizeurn'
discharge
distchardje'
discourse
diskôrce'
discuss
diskeuss'
disdain
disdéne'

disease
diziz'
disguise
disgaïz'
disgust
disgheust'
disjoin
disdjoïn'
disjunct
disdjeugn'kt'
dislike
dizlaïk'
dismay
dizmé'
disown
dizône'
display
displé'
displease
displiz'
dispraise
dispréze'
distinct
distign'kt'
distrust
distreust'
disturb
disteurb'
disuse
diciouz'
divine
divaïne'
divulge
diveuldje'
dragoon
dragoune'
Eclipse
iklips'
effuse
effiouz'

| | | | |
|---|---|---|---|
| eject<br>idjekt' | erase<br>irèce' | forgive<br>forghiv' | infirm<br>inferm' |
| elate<br>iléte' | escape<br>eskèpe' | fulfil<br>foulfil' | infuse<br>in'fiouz' |
| elude<br>ilioude' | espouse<br>ispaouz' | Galloon<br>galoun' | ingrate<br>in'gréte' |
| embalm<br>em'bam' | espy<br>ispaï' | genteel<br>djen'til' | inhere<br>in'hir' |
| embrace<br>em'brèce' | estate<br>istéte' | Imbibe<br>im'baïb' | inject<br>in'djekt' |
| endear<br>en'dir' | event<br>iven't' | imbue<br>im'biou' | inlay<br>in'le' |
| endue<br>en'diou' | exchange<br>extchén'dje' | impair<br>im'pér' | inquire<br>in'kouaïr' |
| endure<br>en'diour' | exclaim<br>exkléme' | impeach<br>im'pitch' | insane<br>in'séne' |
| engage<br>en'ghédje' | exclude<br>exklioude' | impede<br>im'pide' | inscribe<br>in'skraïbe' |
| enhance<br>en'han'ce' | excuse<br>exkiouz' | imply<br>im'plaï' | insnare<br>in'snère' |
| enjoin<br>en'djoïn' | exhale<br>egzhéle' | improve<br>im'prouv' | inspire<br>in'spaïr' |
| enjoy<br>en'djoï' | exhaust<br>egzhâust' | impure<br>im'piour' | install<br>in'stâul' |
| enrich<br>en'ritch' | explain<br>expléne' | incline<br>in'klaïne' | instruct<br>in'streukt' |
| ensue<br>en'siou' | expound<br>expaoun'd' | include<br>in'klioude' | inthral<br>in'*th*râul' |
| entail<br>en'téle' | extinct<br>extign't' | increase<br>in'crice' | intrust<br>in'treust' |
| entice<br>en'taïce' | exult<br>egzeult' | incur<br>in'keur' | inveigh<br>in'vé' |
| entire<br>en'taïr' | Fatigue<br>fatig' | indeed<br>in'dide' | Japan<br>djapane' |
| entomb<br>en'toum' | ferment<br>fermen't' | indent<br>in'den't' | jejune<br>djidjoune' |
| entreat<br>en'trite' | fifteen<br>fiftine' | induce<br>in'diouce' | jocose<br>djôkôce' |
| equip<br>ikouip' | forbear<br>forber' | indulge<br>indeuldje' | Lament<br>lamen't' |

lampoon
lam'poune'
Maraud
maràude'
malign
malaïne'
manure
maniour'
mature
matiour'
miscal
miskâul'
mischance
mistchan'ce'
miscount
miskaoun't'
mishap
mis-hap'
misjudge
misdjeudj'
misrule
misroule'
mistake
mistéke'
misteach
mistitch'
mistrust
mistreust'
misuse
misiouze'
Neglect
niglekt'
Obey
obé'
oblige
oblaïdje'
oblique
oblaïk'
observe
obzerve'

obstruct
obstreukt'
obtain
obténe'
obtrude
obtroude'
obtuse
obtiouce'
occult
okkeult'
occur
okkeur'
outbid
aout'bide'
outdo
aout'dou'
outgrow
aout'grô'
outleap
aout'lipe'
outright
aout'raïte'
outrun
aout'reune'
Parade
parède'
parole
parôle'
partake
partéke'
percuss
perkeuss'
perfume
peurfioume'
perhaps
peurhaps'
persuade
persouède'
pervade
pervéde'

peruse
piriouz'
possess
pozess'
premise
primaïz'
prepare
pripère'
presage
pricèdje'
presume
prizioume'
pretence
priten'ce'
profound
prôfaoun'd'
project
prôdjekt'
purloin
peurloïne'
pursue
peursiou'
pursuit
peursioute'
purvey
peurvé'
Rebate
ribéte
rebound
ribaoun'd'
rebuff
ribeuf'
rebuild
ribild'
rebuke
ribiouke'
recall
rikâul'
receipt
ricite'

receive
ricive'
recruit
rikroute'
recur
rikeur'
redoubt
ridaoute'
reduce
ridiouce'
refine
rifaïxe'
relate
riléte'
relay
rilé'
release
rilice'
relief
rilif'
relieve
rilive'
relight
rilaïte'
rely
rilaï'
remain
riméne'
remind
rimaïn'd'
remove
rimouve'
renew
riniou'
reproach
riprôtch'
reproof
ripruuf'
reprove
riprouve'

repulse
ripeulce'
require
rikouaïr'
reseat
ricite'
rescind
ricin'd'
reserve
rizerve'
resign
rizaïne'
return
riteurn'
reward
ri-ouârde'
romance
rôman'ce'
Salute
salioute'
seclude
siklioude'

secure
sikiour'
seduce
sidiouce'
subdue
seubdiou'
subduct
seubdeukt'
subjoin
seubdjoïn'
sublime
seublaïme'
subside
seubsaïde'
succeed
seukcide'
suffice
seuffaïze'
supply
seupplaï'
survey
seurvé'

Thereof
thérof'
transcribe
tran'skraïbe'
trustee
treusti'
Unapt
eunapt'
unbind
eun'baïn'd'
unbought
eun'bâute'
undo
eun'dou'
unite
iounaite'
unjust
eun'djeust'
unknit
eunnite'
unknow
eunnô'

unripe
eun'raipe'
upbraid
eup'bréde'
uphold
eup'hölde'
usurp
iouzeurp'
withal
ouithâul'
withdraw
ouithdrâu'
withhold
ouithhöld'
within
ouithine'
without
ouithaoute'
withstand
ouithstan'd'
Yourself
yourself'

## MOTS DE TROIS SYLLABES

### AVEC L'ACCENT SUR LA PREMIÈRE.

Abdicate
Ab'dikéte
abrogate
ab'roghéte
absolute
ab'solioute
accident
ak'ciden't

accurate
ak'kiouréte
adjutant
ad'djioutan't
admiral
ad'miral
advocate
ad'vokéte

agony
ag'öni
alderman
al'deurmane
amplify
am'plifaï
anarchy
an'arki

ancestor
an'cesteur
animal
an'imal
annual
an'nioual
argument
ar'ghioumen't
attribute
at'tribioute
avarice
av'arice
augury
aû'ghieuri
Bachelor
batch'eleur
banishment
ban'ich'men't
barbarous
bar'bareuss
barrister
bar'isteur
bashfulness
bach'foulness
beautiful
biou'tifoul
benefice
ben'efice
bountiful
baoun'tifoul
brotherly
breuth'eurli
Cabinet
kab'inète
calculate
kal'kiouléte
calendar
kal'en'deur
capital
kap'ital

captivate
kap'tivéte
cardinal
kar'dinal
carpenter
kar'pen'ter
catechism
kat'ikizme
celebrate
cel'ibréte
certify
cer'tifaï
character
kar'akteur
charity
tchar'iti
chivalry
tchi'valri
circulate
cer'kiouléte
circumspect
cer'keum'spekt
circumstance
cer'keum'stan'ce
classical
klas'sikal
comedy
kom'idi
company
kom'pani
compliment
kom'plimen't
conference
kon'feren'ce
confidence
kon'fiden'ce
conjugal
kon'djiougal
conqueror
kogn'keureur

consequence
kon'sikouen'ce
consonant
kon'sonan't
constable
kon'stabl'
constancy
kon'stan'ci
continence
kon'tinen'ce
contrary
kon'truri
coroner
kor'òneur
corporal
kor'póral
counsellor
kaoun'cèleur
countenance
kaoun'tenan'ce
creditor
kred'iteur
criminal
krim'inal
critical
krit'ikal
crocodile
krok'òdaïle
cruelty
krou'elti
cucumber
kiou'keum'beur
cultivate
keul'tivéte
curious
kiou'rieuss
custody
keus'tôdi
customer
keus'teumeur

Dangerous
dén'djeureuss
decency
di'cen'ci
delicate
del'ikéte
desolate
des'óléte
desperate
des'piréte
destiny
des'tini
diadem
daï'adem
dialogue
daï'alogue
diligence
dil'idjen'ce
document
dok'ioumen't
durable
diou'rabl'
Ebony
eb'óni
elegant
el'igan't
element
el'imen't
elephant
el'ifan't
eloquence
el'ókouen'ce
eminent
em'inen't
emperor
em'pereur
emulate
em'iouléte
enemy
en'emi

energy
en'erdji
enterprise
en'teurpraïze
every
ev'euri
evident
ev'iden't
excellence
ek'cellen'ce
execute
ek'cikioute
exercise
eks'ersaïze
Fabulous
fab'iouleuss
faculty
fak'culti
fervency
fer'ven'ci
festival
fes'tival
firmament
feur'mamen't
flattery
flat'euri
fortify
for'tifaï
fraudulent
frâud'ioulen't
frivolous
friv'oleuss
funeral
fiou'nèral
Gainsayer
ghén'séeur
gallantry
gal'an'tri
gallery
gal'euri

gardener
gar'd'neur
garrison
gar'izeune
general
djen'èral
generous
djen'èreuss
gentleman
djen'tl'mane
gingerbread
djin'djeurbrède
glorify
glô'rifaï
gormandise
gor'man'daïze
government
gheuv'eurnmen't
gratify
grat'ifaï
Handily
han'd'ili
handkerchief
han'd'keurtchif
harmony
har'moni
heraldry
her'aldri
heresy
her'ici
heritage
her'itédje
hermitage
her'mitédje
history
his'teuri
honesty
on'esti
hospital
os'pital

hypocrite
hip'okrite
Idleness
aï'dl'ness
ignorant
ig'nôran't
implicate
im'plikéte
impudent
im'pioudcn't
incident
in'ciden't
indigent
in'didjen't
industry
in'deustri
infamy
in'fami
infancy
in'fan'ci
influence
in'flioucn'ce
injury
in'djiouri
innocence
in'nôcen'ce
insolent
in'sôlen't
instrument
in'stroumen't
intercourse
in'terkôrce
interest
in'tèrest
interval
in'terval
interview
in'terviou
intimate
in'timéte

Jocular
djok'ioular
justify
djeus'tifaï
Kidnapper
kid'napeur
knavishly
né'vich'li
knottily
not'ili
Labourer
le'beureur
larceny
lar'cini
lateral
lat'èral
legacy
leg'aci
lenity
len'iti
lethargy
leth'ardji
liberal
lib'èral
ligament
lig'amen't
lioness
laï'euness
luxury
leug'ziouri
Magnify
mag'nifaï
majesty
ma'djesti
manfully
man'fouli
manifest
man'ifest
manual
man'ioual

manuscript
man'euskript
mariner
mar'ineur
melody
mel'ôdi
memory
mem'euri
mendicant
men'dikan't
merchandise
mer'tchan'daïze
merciful
mer'cifoul
merriment
mer'imen't
mineral
min'èral
minister
min'isteur
miracle
mir'akl'
monument
mon'ioumen't
multitude
meul'titioude
musical
miou'zikal
Nakedness
né'kedness
natural
nat'tchioural
nightingale
naït'in'ghele
nominate
nom'inéte
notable
not'abl'
notify
nô'tifaï

novelist
neuv'èlist
numerous
niou'mèreuss
nunnery
neun'euri
Obdurate
ob'diouréte
obligate
ob'lighéte
obsolete
ob'soléte
obstacle
ob'stakl'
obstinate
ob'stinéte
odorous
ò'deureuss
ominous
om'ineuss
opulent
op'ioulen't
oracle
or'akl'
orator
or'ateur
origin
or'idjine
ornament
or'namen't
overflow
ò'veurflò
Pacify
pa'cifaï
papacy
pé'paci
paradise
par'adaïze
paradox
par'adox

parody
par'òdi
pedantry
ped'an'tri
penalty
pen'alti
penitence
pen'iten'ce
perjury
per'djiouri
permanence
per'manen'ce
personage
per'seunidje
pertinence
per'tinen'ce
petulant
pet'ioulan't
piety
paï'iti
pilferer
pil'feureur
pinnacle
pin'nakl'
plentiful
plen'tifoul
plunderer
pleun'deureur
poetry
pò'ètri
policy
pol'ici
populous
pop'iouleuss
possible
pos'sibl'
poverty
pov'eurti
practical
prak'tikal

president
prez'iden't
principal
prin'cipal
prisoner
pri'z'neur
privilege
priv'ilidje
prodigy
pro'didji
profligate
prof'lighete
property
prò'peurti
prosperous
pros'peureuss
protestant
prot'estan't
providence
prov'iden'ce
punctual
peugn'k'tchioual
punishment
peun'ich'men't
Qualify
koual'ifaï
quantity
kouan'titi
querulous
kouer'iouleuss
Radical
rad'ikal
recompense
rek'om'pen'ce
reverend
rev'èren'd
rhetoric
ret'òrik
ribaldry
rib'aldri

rivulet
riv'ioulète
robbery
rob'euri
royalty
roï'alti
Sacrament
sak'ramen't
sacrifice
sak'rifaïze
salary
sal'ari
satisfy
sat'isfaï
scriptural
scrip'tchioural
scrupulous
scrou'pioulèuss
secular
sek'ioular
several
sev'eural
sinister
sin'isteur
situate
si'tchiouéte

slippery
slip'euri
spectacle
spek'tacl'
stratagem
stra'tadjem
strawberry
strâu'bèri
sympathise
sim'pa*th*aïze
Temporise
tem'pôraïze
tendency
ten'den'ci
testament
tes'tamen't
titular
tit'ioular
tractable
trak'tabl'
turbulent
teur'bioulen't
Usual
iou'jioual
usury
iou'jiouri

Vacancy
vé'kan'ci
vagabond
vag'abon'd
vehement
vi'himen't
venomous
ven'eumeuss
verily
ver'ili
victory
vik'teuri
violate
vaï'oléte
Wayfaring
oué'férigne
wonderful
oueun'deurfoul
wrongfully
rogn'fouli
Yellowness
yel'ôness
yesterday
yes'teurdé
Zealousness
zel'eusness

## MOTS DE TROIS SYLLABES

### AVEC L'ACCENT SUR LA SECONDE.

Abandon
Aban'deune
abetment
abet'men't
abasement
abés'men't

abolish
abol'iche
absurdly
abceurd'li
abundance
abeun'dan'ce

acceptance
akcept'an'ce
accomplish
akkom'pliche
accustom
akkeus'teum

acknowledge — aknô'ledje
admittance — admit'tan'ce
admonish — admon'iche
adorer — adô'reur
advantage — advan'tédje
adventure — adven'tchiour
agreement — agri'men't
allowance — allaou'an'ce
almighty — âulmaït'i
angelic — an'djel'ik
annoyance — annoï'an'ce
another — aneuth'eur
apartment — apart'men't
apprentice — appren'tice
aquatic — akouat'ik
arrival — arraï'val
assassin — assa'cine
assemble — assem'bl'
assurance — achiou'ran'ce
astonish — aston'iche

asylum — açaï'leum
attemper — attem'peur
attendance — atten'dan'ce
attorney — atteur'né
attribute — attrib'ioute
avowal — avaou'al
authentic — âu*th*en'tik
Balcony — balkô'ni
beginning — bighin'igne
believer — biliv'eur
belonging — bilogn'ghigne
benignly — binaïn'li
bestower — bistô'eur
betrayer — bitré'eur
Caballer — kabal'eur
carouser — karaou'zeur
cathedral — ka*th*i'dral
coequal — ko-i'koual
coherent — ko-hi'ren't
commandment — koman'd'men't

confounder — kon'faound'eur
conjecture — kon'djek'tchiour
conjurement — kon'djiour'men't
consider — kon'cid'eur
contemplate — kon'tem'plète
contentment — kon'ten't'men't
contrivance — kon'traï'van'ce
controller — kon'trôl'eur
creator — krié'teur
Debenture — diben'tchiour
decanter — dikan'teur
deceiver — diciv'eur
decipher — diçaï'feur
declaimer — diklém'eur
decretal — dikri'tal
delightful — dilaït'foul
delinquent — dilign'kouen't
deliver — diliv'eur
demolish — dimol'iche
demonstrate — dimon'strète

denial
dinaï'al
departure
dipar'tchiour
dependant
dipen'dan't
deposit
dipoz'ite
descendant
dicen'dan't
deserter
dizer'teur
destroyer
distroï'eur
dictator
dikté'teur
diminish
dimin'iche
director
direk'teur
disaster
dizas'teur
disciple
dissaï'pl'
dishearten
dizhar't'n
dishonest
dizon'est
dishonour
dizon'eur
disorder
dizor'deur
disparage
dispar'idje
distinguish
distign'gouiche
distribute
distrib'ioute
disturbance
disteurb'an'ce

diviner
divaï'neur
diurnal
daïeur'nal
domestic
dômes'tik
dramatic
dramat'ik
Eclectic
eklek'tik
effective
effek'tive
effulgent
effeul'djen't
eleven
ilev'v'n
embargo
em'bar'go
embellish
em'bel'iche
embroider
em'broïd'eur
employment
em'ploï'men't
enable
èné'bl'
enchanter
en'tchan'teur
encounter
en'kaoun't'eur
encourage
en'keur'idje
encumber
en'keum'beur
endeavour
en'dev'eur
endurance
en'diou'ran'ce
enervate
iner'véte

enlighten
en'laït't'n
ensurance
en'chiou'ran'ce
envelope
en'vel'eup
epistle
ipis'sl'
espousals
ispaou'zalz
establish
estab'liche
eternal
iter'nal
exhibit
egzib'ite
extinguish
extign'gouiche
extirpate
exter'péte
Fanatic
fanat'ik
fantastic
fan'tas'tik
fomenter
fômen'teur
forbearance
forber'an'ce
Gigantic
djigan'tik
Harmonics
harmon'iks
heroic
hiró'ik
hibernal
hiber'nal
Idea
aïdi'a
illustrate
illeus'tréte

imagine
ima'djine
immortal
immor'tal
importer
im'por'teur
impostor
im'pos'teur
inculcate
in'keul'kète
incumbent
in'keum'ben't
inducement
in'diouce'men't
indulgence
in'deul'djen'ce
infernal
in'fer'nal
inhabit
in'hab'ite
inherent
in'hi'ren't
inherit
in'her'ite
inhuman
in'hiou'mane
inquiry
in'kouaï'ri
insipid
in'sip'ide
interpret
in'ter'prète
invalid
in'val'ide
Jehovah
djiho'va
Laconic
lakon'ik
lieutenant
levten'an't

Malignant
malig'nan't
maternal
mater'nal
meander
mi-an'deur
mechanic
mikan'ik
misconduct
miskon'deukt
monastic
monas'tik
moreover
môro'veur
Neglectful
niglekt'foul
Objector
obdjekt'eur
obliging
oblaï'djigne
observance
obzer'van'ce
occurrence
okkeur'ren'ce
offender
offen'd'eur
opponent
oppô'nen't
Pacific
pacif'ik
partaker
parte'keur
pathetic
pathet'ik
perfumer
perfiou'meur
perspective
perspek'tive
presumptive
prizeum'tive

proposal
propô'zal
pursuance
peursiou'an'ce
Quintessence
kouin'tes'sen'ce
Recoinage
rikoïn'edje
redeemer
ridim'eur
relinquish
rilign'kouiche
remainder
rimén'deur
remember
rimem'beur
resemble
rizem'bl'
resistance
rizis'tan'ce
reviewer
riviou'eur
reviler
rivaï'leur
rewarder
ri-ouard'eur
Sarcastic
sarkas'tik
seducer
sidiou'ceur
sequester
sikoues'teur
spectator
spekté'teur
Testator
testé'teur
together
tougheth'eur
tribunal
traïbiou'nal

triumphant
traïeum'fan't
Uncover
eun'keuv'eur
unholy
eun'hô'li
unskilful
eun'skil'foul
Vicegerent
vaïcedji'ren't
vindictive
vin'dik'tive

## MOTS DE TROIS SYLLABES

### ACCENTUÉS SUR LA DERNIÈRE.

Acquiesce
akkouiess'
afternoon
afteurnoun'
ambuscade
am'beuskéde'
appertain
apperténe'
apprehend
apprihen'd'
Balustrade
baleustréde'
barricade
barikéde'
brigadier
brigadir'
buccaneer
beukanir'
Caravan
caravane'
circumscribe
cerkeum'skraïb'
complaisance
kom'plézan'ce
comprehend
kom'préhen'd'
condescend
kon'dicen'd'
contradict
kon'tradikt'

correspond
korrespon'd'
countermine
kaoun'teurmaïn'
countervail
kaoun'teurvéle'
Debonair
débônére'
disabuse
dizabiouz'
disagree
dizagri'
disbelieve
disbiliv'
disobey
dizôbe'
Entertain
en'teurténe'
Gasconade
gaskônéde'
gazetteer
gazettir'
Hereupon
hireup'n'
Immature
immatiour'
importune
im'portioune
intercept
in'tercept'

Magazine
magazine'
misapply
miçappläï'
Overcharge
ôveurtchardje'
overflow
ôveurflô'
overlook
ôveurlouk'
overthrow
ôveur*thrô*'
overturn
ôveurteurn'
Persevere
persivir'
Recollect
rèkollekt'
recommend
rèkomen'd'
refugee
rèfioudji'
repartee
rèparti'
reprehend
rèprihen'd'
represent
rèprizen't'
reprimand
rèpriman'd'

Serenade
sèrinède'
superscribe
siouperskraïb'
supersede
siouperside'
Thereupon
thèrcup'n'

Unaware
eunaouère'
unbelief
eun'bilif'
undergo
eun'deurgo'
undermine
eun'deurmaïne'

understand
eun'deurstan'd'
undertake
eun'deurteke'
Violin
vaïeuline
volunteer
voleun'tir'

## MOTS DE TROIS SYLLABES

### PRONONCÉS COMME DEUX ET ACCENTUÉS SUR LA PREMIÈRE.

Action
ak'cheune
ancient
èn'chen't
Captious
kap'cheuss
caution
kâu'cheune
conscience
kon'chen'ce
Diction
dik'cheune
Faction
fak'cheune
fraction
frak'cheune
Gratious
grè'cheuss
Junction
djeugn'k'cheune
Lotion
lô'cheune
Mansion
man'cheune

martial
mar'chal
mention
men'cheune
motion
mô'cheune
Nation
nè'cheune
notion
nô'cheune
nuptial
neup'chal
Ocean
ô'cheune
option
op'cheune
Paction
pak'cheune
partial
par'chal
passion
pach'eune
patience
pè'chen'ce

pension
pen'cheune
portion
por'cheune
potion
pô'cheune
precious
prech'euss
Quotient
kouô'chen't
Sanction
sagn'k'cheune
section
sek'cheune
special
spech'al
station
stè'cheune
suction
seuk'cheune
Tension
ten'cheune
tertian
ter'châno

traction
trak'cheune
Unction
eugn'k'cheune
ultion
eul'cheune
Vection
vek'cheune
version
ver'cheune
vision
vij'eune

## MOTS DE QUATRE SYLLABES

### PRONONCÉS COMME TROIS ET ACCENTUÉS SUR LA SECONDE.

Adoption
adop'cheune
affection
affek'cheune
affliction
afflik'cheune
aspersion
asper'cheune
attention
atten'cheune
attraction
attrak'cheune
Capacious
cape'cheuss
cessation
cessé'cheune
collation
colle'cheune
compassion
com'pach'eune
compulsion
com'peul'cheune
conception
con'cep'cheune
conclusion
con'kliou'jeune
confession
con'fech'eune

confusion
con'fiou'jeune
conjunction
con'djeugn'k'cheune
construction
con'streuk'cheune
conversion
con'ver'cheune
conviction
con'vik'cheune
convulsion
con'veul'cheune
correction
correk'cheune
corruption
correup'cheune
creation
cri-é'cheune
Decoction
dikok'cheune
defection
difek'cheune
deficient
difich'en't
dejection
didjek'cheune
delicious
dilich'euss

description
deskrip'cheune
destruction
destreuk'cheune
detraction
ditrak'cheune
devotion
divô'cheune
discussion
diskeus'cheune
dissension
dissen'cheune
distinction
distign'k'cheune
division
divi'jeune
Ejection
idjek'cheune
election
ilek'cheune
eruption
ireup'cheune
essential
essen'chal
exaction
ekzak'cheune
exclusion
exkliou'jeune

expansion
expan'cheune
expression
exprech'eune
expulsion
expeul'cheune
extortion
extor'cheune
extraction
extrak'cheune
Fallacious
falle'cheuss
foundation
faoun'dé'cheune
Immersion
immer'cheune
impartial
im'par'chal
impatient
im'pé'chan't
impression
im'prech'eune
injunction
in'djeugn'k'cheune
inscription
in'skrip'cheune
instruction
in'streuk'cheune
invention
in'ven'cheune
irruption
irreup'cheune

Licentious
laïcen'cheuss
logician
lodji'chane
Magician
madji'chane
musician
miouzi'chane
Narration
narre'cheune
Objection
obdjek'cheune
oblation
oblé'cheune
obstruction
obstreuk'cheune
oppression
opprech'eune
optician
opti'chane
oration
ôre'cheune
Perfection
perfek'cheune
prediction
pridik'cheune
prescription
preskrip'cheune
promotion
promô'cheune
proportion
propor'cheune

provincial
provin'chal
Rejection
ridjek'cheune
relation
rile'cheune
retention
riten'cheune
Salvation
salvé'cheune
subjection
seubdjek'cheune
substantial
seubstan'chal
substraction
seubstrak'cheune
subversion
seubver'cheune
succession
seukcech'eune
sufficient
seuffi'chen't
suspicion
seuspi'cheune
Temptation
tem'te'cheune
translation
tran'slé'cheune
Vacation
vake'cheune
vexation
vexe'cheune

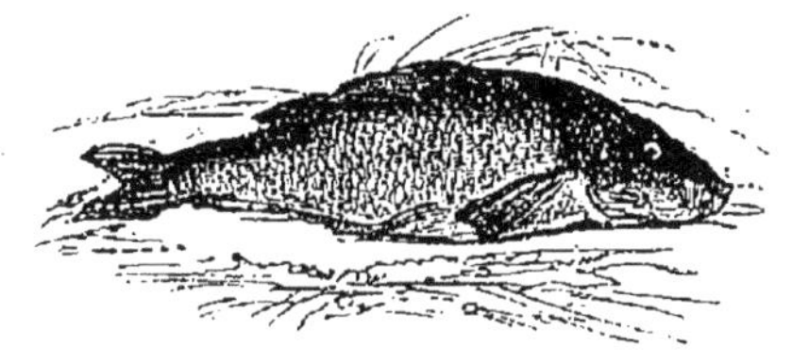

## MOTS DE QUATRE SYLLABES,

### ACCENTUÉS SUR LA PREMIÈRE[1].

Absolutely
áccessary
áccuracy
ácrimony
áctually
ádditory
ádmirable
ádmiralty
ádversary
álabaster
álienate
állegory
álterative
ámiable
ámicable
ánswerable
ántichamber
ántimony
ántiquary
ápoplectic
ápplicable
árbitrary
áuditory

áviary
Bárbarously
brílliancy
búrgomaster
Cápitally
cásuistry
cáterpillar
célibacy
céremony
cógnizable
cómfortable
cómmentary
cómmissary
cómmonalty
cómparable
cónquerable
cóntroversy
cóntumacy
cópiously
cópyholder
córporally
córrigible
créditable

cústomary
Dángerously
délicacy
déspicable
dífficulty
dísputable
drómedary
Éfficacy
éligible
éxcellency
éxecrable
éxorable
Fávourably
fébruary
fígurative
flúctuating
fórmidable
Génerally
gílliflower
góvernable
grádatory
Háberdasher
hábitable

[1] L'élève, suffisamment exercé par la prononciation figurée, s'étudiera à prononcer les mots suivants avec la seule indication de l'accent tonique.

héterodox
hónourable
hóspitable
ígnominy
ímitator
ínnocency
íntimacy
íntricacy
ínventory
Jánuary
júdicature
Lápidary
líterature
lógically
lúminary
Mágistracy
málleable
mándatory
mátrimony
mélancholy
mémorable
ménsurable
mércenary
mílitary
míserable
mónastery
móralizer
múltiplier
Náturally
nécessary
nécromancy
Óbduracy
óbstinacy
óbviously
óccupier
óperative
óratory
órdinary
Pácifier
pálatable
párdonable
pátrimony
pénetrable
périshable
prácticable
prébendary
préferable
présbytery
prévalently
prófitable
prómissory
púrgatory
púrifier
Rátifier
reásonable
Sácrificer
sánctuary
sécretary
sólitary
sóvereignty
spéculative
spíritual
státuary
súblunary
Tábernacle
térrifying
térritory
téstimony
tólerable
tránsitory
Váluable
váriable
végetable
vénerable
vírtuously
vóluntary
Wárrantable
wásherwoman

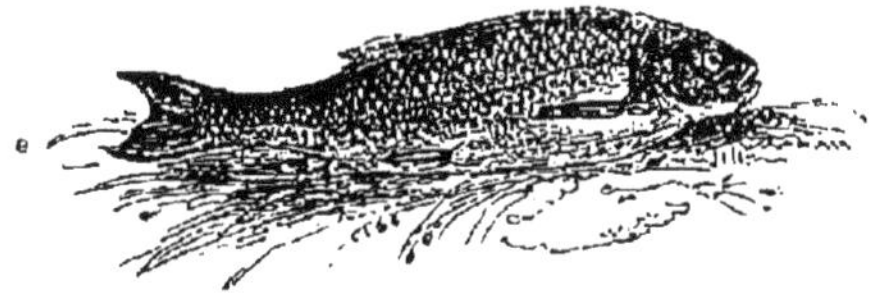

## MOTS DE QUATRE SYLLABES,

### ACCENTUÉS SUR LA SECONDE.

Abbréviate
abdóminal
abílity
abóminate
accélerate
accéssible
accómpany
accóuntable
accúmulate
acídity
admínister
admónisher
advénturer
allówable
ambássador
ambíguous
amphíbious
anátomist
angélical
anníhilate
anómalous
antágonist
antípathy
antíquity
apólogize
aríthmetic
assássinate
astróloger
astrónomer
atténuate
avaílable
authénticate
authórity
Barbárian
beátitude
behábiour
benéficence
benévolence
biógraphy
bitúminous
Calámitous
calúmnious
capítulate
catástrophe
censórious
chirúrgical
chronólogy
confórmable
congrátulate
consíderate
consístory
consólidate
conspícuous
conspíracy
consúmable
consístency
contáminate
contémptible
contéstable
contíguous
contínual
contríbutor
convénient
convérsable
coóperate
corpóreal
corrélative
corróborate
cutáneous
Debílitate
decrépitude
defénsible
definitive
deformity
degénerate
delíberate
delíneate
delíverance

democracy
demónstrable
denóminate
deplórable
depópulate
depréciate
desírable
despóndency
detérminate
detéstable
dextérity
dimínutive
discérnible
discóvery
discríminate
dislóyalty
disórderly
dispénsary
dissátisfy
dissímilar
disúnion
divínity
dogmátical
doxólogy
duplícity
Ebríety
efféctual
efféminate
effróntery
egrégious
ejáculate
eláborate
elúcidate
emásculate
empírical
empóverish
enámeller
enthúsiast
enúmerate
epíscopal
epítome
equívocate
erróneous
ethéreal
evángelist
eváporate
evéntual
exáminer
excúsable
exécutor
exémplary
exfóliate
exhílarate
exónerate
exórbitant
expériment
extérminate
extrávagant
extrémity
Fanáticism
fastídious
fatálity
felícity
fragílity
frugálity
futúrity
Geógraphy
geómetry
grammárian
grammátical
Habíliment
habítuate
harmónical
hermétical
hilárity
humánity
humílity
hypóthesis
Idólater
illíterate
illústrious
imménsity
immórtalize
immútable
impédiment
impénitence
impérious
impértinent
impétuous
impíety

implácable
impólitic
impórtunate
impóssible
impróbable
impóverish
imprégnable
impróvable
impróvident
inánimate
inaúgurate
incápable
inclémency
inclínable
incónstancy
incúrable
indécency
inélegant
infátuate
inhábitant
ingrátitude
insínuate
intégrity
intérpreter
intráctable
intrépidly
inválidate
invéterate
invídious
irrádiate
itínerant
Jurídical
Labórious
legítimate
legúminous
luxúrious
Magníficent
matérial
metrópolis
miráculous
Natívity
nonsénsical
notórious
Obédient
obsérvable
omnípotent
orácular
oríginal
Partícular
penúrious
perpétual
perspícuous
philósopher
postérior
precárious
precípitate
predéstinate
predóminate
preóccupy
preváricate
progénitor
prospérity
Rapídity
recéptacle
recúmbency
recúrrency
redéemable
redúndancy
refráctory
regénerate
relúctancy
remárkable
remúnerate
restórative
resúmable
Sagácity
simílitude
simplícity
solémnity
solícitor
solícitous
subsérvient
supérior
supérlative
suprémacy
Tautólogy
terráqueous
thermómeter
theólogy
tumúltuous

tyránnical
Unánimous
ubíquity
unseárchable
Vacúity
vernácular
vicíssitude
vivácity
volúptuous

## MOTS DE SIX ET SEPT SYLLABES.

Abóminableness
authóritatively
Concíliatory
congrátulatory
consíderableness
Decláratorily
Ejáculatory
expóstulatory
Intólerableness
invóluntarily
Unpárdonableness
unprófitableness
unreásonableness
Apostólically
Beatífically
Ceremóniously
circumámbiently
consentáneously
contuméliously
Diabólically
diamétrically
disobédiently
Emblemátically
Inconsíderately
inconvéniently
interrógatory
Magistérially
meritóriously
Recomméndatory
Superánnuated
supernúmerary
Antedilúvian
antimonárchical
archiepíscopal
aristocrátical
Dissatisfáctory
Etymológical
extraparóchial
Familiárity
Genealógical
generalíssimo
Heterogéneous
historiógrapher
Immutabílity

infallibílity
Peculiárity
predestinárian
Superinténdency
Universálity
unphilosóphical
Antitrinitárian
Commensurabílity
Dissatisfáction

Extraórdinarily
Immateriálity
impenetrabílity
incompatibílity
inconsíderableness
incorruptibílity
indivisibílity
Latitudinárian
Valetudinárian

# VOCABULAIRE
# ANGLAIS ET FRANÇAIS.

## OF THE WORLD IN GENERAL.
### DU MONDE EN GÉNÉRAL.

God . . . . . . . . . . Dieu
the Creator. . le Créateur
the Redeemer . . . le Rédempteur
heaven . . . . . . . le ciel
the sun. . . . . . le soleil
the moon. . . . . la lune
a star. . . . . . une étoile
the stars. . . . les étoiles
a planet. . . une planète
the planets. . les planètes
the sea. . . . . . . la mer
a river . . . . une rivière
a spring. . . . une source
a fountain. . une fontaine
a mountain. une montagne
a hill . . . . . une colline
a valley . . . . une vallée
a plain . . . . une plaine
an element. . un élément
the elements. les éléments
fire . . . . . . . . . le feu
air. . . . . . . . . . . l'air
earth. . . . . . . la terre
water. . . . . . . . . l'eau
the weather, time. le temps

a season. . . . une saison
the four seasons. les quatre saisons
the spring. . le printemps
the summer . . . . . l'été
the autumn. . l'automne
the winter. . . . . l'hiver
heat { . . . . . . le chaud / . . . . la chaleur }
cold. . . . . . . . . le froid
the wind . . . . . le vent
the cardinal points . . les points cardinaux
the East { l'Orient, *ou* . . . . . l'Est }
the West { l'Occident, *ou* . . . . l'Ouest }
the South { le Midi, *ou* . . . . le Sud }
the North { le Septentrion . . *ou* le Nord }
a cloud. . une nuée *ou* nue
a fog . . . . un brouillard
a storm. . . . un orage
lightning . . . . . . éclair
thunder. . . . le tonnerre

the rainbow. l'arc-en-ciel
a shower . . . une ondée
rain. . . . . . . . la pluie
hail . . . . . . . . la grêle
snow . . . . . . . la neige
frost . . . . . . . la gelée
ice. . . . . . . . . la glace
thaw. . . . . . . . le dégel
dew . . . . . . . . la rosée
day. le jour, *ou* la journée
night. . . . . . . . la nuit
the morning { le matin, *ou* la matinée
noon. . . . . . . . le midi
the afternoon. l'après-midi

the evening { le soir, *ou* . la soirée
midnight. . . . le minuit
a week. . . . une semaine
an hour . . . . . une heure
a moment . . un moment
the days of the week. . les jours de la semaine
Monday . . . . . . Lundi
Tuesday . . . . . . Mardi
Wednesday. . . Mercredi
Thursday . . . . . . Jeudi
Friday . . . . . Vendredi
Saturday . . . . . Samedi
Sunday. . . . . Dimanche

SAXON IDOLS FROM WHICH THE DAYS OF THE WEEK RECEIVED THEIR NAMES.
Idoles saxonnes dont les noms ont servi aux jours de la semaine.

a month . . . . . un mois
the months of the year. les mois de l'année
January . . . . . . Janvier
February . . . . . Février
March . . . . . . . . . Mars
April. . . . . . . . . . Avril
May. . . . . . . . . . . Mai
June. . . . . . . . . . . Juin
July . . . . . . . . . Juillet
August. . . . Août ( oût )
September . . Septembre
October . . . . . Octobre
November. . . Novembre
December. . . Décembre
a year { . . un an, *ou* . . . une année
half a year. . . une demi-année

## OF A COUNTRY IN GENERAL.

### D'UN PAYS EN GÉNÉRAL.

An empire . . un empire
a kingdom. . un royaume
a republic. une république
a continent. un continent
Europe. . . . . . l'Europe
Asia. . . . . . . . . . l'Asie
Africa. . . . . . . l'Afrique
America. . . . l'Amérique
a nation. . . . une nation
1 France . . . . la France
2 England. . l'Angleterre
3 Scotland. . . . l'Écosse
4 Ireland. . . . l'Irlande
5 Spain. . . . . l'Espagne
6 Portugal. . le Portugal
7 Italy. . . . . . . . l'Italie
8 Holland. . . la Hollande
9 Germany. . l'Allemagne
10 Poland. . . la Pologne
11 Sweden . . . la Suède
12 Denmark. le Danemark
a capital. . . une capitale
1 Paris . . . . . . . . Paris
2 London . . . . Londres
3 Edinburgh. Édimbourg
4 Dublin . . . . . Dublin
5 Madrid. . . . . Madrid
6 Lisbon . . . . Lisbonne
7 Rome. . . . . . . Rome
8 Amsterdam. Amsterdam

9 Vienna . . . . . Vienne
10 Cracow . . . Cracovie
11 Stockholm. Stockholm
12 Copenhagen. . Copenhague
a native. . . . un naturel
a European. . un Européen
an Asiatic. . un Asiatique
an African. . un Africain
an American un Américain
a Frenchman. un Français
an Englishman. un Anglais
a Scotchman. un Ecossais
an Irishman. un Irlandais
a Spaniard . un Espagnol
a Portuguese. un Portugais
an Italian . . . un Italien
a Dutchman un Hollandais
a German. un Allemand
a Pole. . . . un Polonais
a Swede. . . . un Suédois
a Dane. . . . un Danois
a language . . une langue

the Hebrew . . . l'hébreu
the Greek . . . . . le grec
the Latin. . . . . le latin
the French. . le français
the English. . . l'anglais
the Scotch. . . l'écossais
the Irish. . . . l'irlandais
the Italian. . . . l'italien
the Spanish. . l'espagnol
the German. l'allemand
an island . . . . . une île
a mountain. une montagne
a vale. . . . . . une vallée
a village . . . . un village
a parish. . . une paroisse
a hamlet . . . un hameau
a farm . . . une métairie
a field . . . . . un champ
a meadow. . . . . un pré
an orchard. . . un verger
a garden. . . . un jardin
a house. . . . une maison
a thatched house. une chaumière

---

## OF MANKIND.

### DU GENRE HUMAIN.

A man . . . . . un homme
man in years . homme âgé
an old man . . un vieillard

a woman . . . une femme
woman in years . . femme âgée

an old woman . une vieille
a male child . . un enfant
a female child . une enfant
a little child . petit enfant
the children . les enfants
a boy, lad . . . un garçon
a girl, lass . . . . une fille
young man . . . . . jeune homme
young girl . . . jeune fille
young people . les jeunes gens
childhood. . . . l'enfance
youth . . . . . la jeunesse
manhood . . . . la virilité
old age . . . . la vieillesse
a master . . . un maître
a mistress . une maîtresse
the husband . . . le mari
the wife . . . . . l'épouse
a guardian { . . un tuteur / . une tutrice }
a minor . un *ou* une pupille
the landlord . . . . l'hôte
the landlady . . l'hôtesse
a footman . . un laquais
a servant maid . une servante
the servants. . les domestiques
the father . . . . . le père
the mother . . . . la mère
parents . . . père et mère

the son . . . . . . . . le fils
the daughter . . . la fille
the brother . . . . le frère
the sister . . . . . la sœur
the eldest { . . . . . l'aîné / . . . . l'aînée }
the youngest { . . le cadet / . la cadette }
grand-father. le grand-père
grand-mother. la grand'-mère
grand-son . . le petit-fils
grand-daughter . . la petite-fille
the relations by blood . les parents
relations by marriage . les alliés
an uncle . . . . un oncle
an aunt . . . . une tante
a nephew . . . . un neveu
a niece . . . . . une nièce
a cousin { . . . un cousin / . . une cousine }
father-in-law. le beau-père
mother-in-law . la belle-mère
son-in-law . un beau-fils
daughter-in-law une belle-fille
brother-in-law . . le beau-frère
sister-in-law. la belle-sœur

the god-father . le parrain
the god-mother . la marraine
a god-son . . . un filleul
a god-daughter . une filleule

a friend { . . . . . un ami / . . . . une amie }
a companion { un compagnon / une compagne }
a neighbour { . un voisin / une voisine }

## OF ANIMALS AND BIRDS.

### DES ANIMAUX ET DES OISEAUX.

An animal . . . un animal
a lamb . . . . un agneau
an ass . . . . . . . un âne
a weasel . . . une belette
a ram . . . . . . un bélier
a hind . . . . . une biche
a badger . . . un blaireau
an ox . . . . . . un bœuf
a he-goat . . . . un bouc
a she-goat . . une chèvre
a kid . . . . . un chevreau
a ewe. . . . . une brebis
a beaver . . . . un castor
a stag . . . . . . . un cerf
a camel . . . un chameau
a cat . . . . . . . un chat
a horse . . . . . un cheval
horses . . . . des chevaux
a dog . . . . . . . un chien
a hog, a pig . . un cochon
a deer . . . . . . un daim

a squirrel . . un écureuil
a ferret . . . . . un furet
a heifer . . . . une génisse
a mare . . . . une jument
a rabbit . . . . . un lapin
a hare . . . . un lièvre
a lion . . . . . . . . un lion
a wolf . . . . . . . un loup
a sheep . . . . un mouton
a bear . . . . . . . un ours
a colt . . . . . un poulain
a rat . . . . . . . . . un rat
a fox . . . . . un renard
a wild boar . un sanglier
a monkey . . . . un singe
a mouse . . . . une souris
a mole . . . . . une taupe
a bull . . . . . un taureau
a sow . . . . . . une truie
a cow . . . . . . . une vache
a calf . . . . . . . . un veau

a bird . . . . . un oiseau
an eagle . . . . . un aigle
a vulture . . . un vautour
a lark . . . . une alouette
a woodcock . une bécasse
a snipe . . . une bécassine
a duck . . . . . un canard
a goldfinch . un chardonneret
a swan . . . . . un cygne
a cock . . . . . . . un coq
a raven . . . . un corbeau
a crow . . . une corneille
a turkey { un dindon, *ou* . . une dinde
a hawk . . . un épervier
a pheasant . . un faisan
a thrush . . . . une grive
a swallow . une hirondelle
a linnet . . . . une linotte
a blackbird . . . un merle
a kite . . . . . . un milan
a sparrow . . un moineau
a goose . . . . . . une oie
a peacock . . . . un paon
a partridge . une perdrix
a parrot . . un perroquet
a magpie . . . . . une pie
a pigeon . . . . un pigeon
a hen . . . . . une poule
a chicken . . . un poulet
a fat pullet . une poularde
a nightingale . . un rossignol
a canary-bird . . un serin
a bat . une chauve-souris

---

## OF FISHES AND INSECTS.

### DES POISSONS ET DES INSECTES.

A fish . . . . . un poisson
a shad . . . . . . une alose
an anchovy . . . . un anchois
an eel . . . . une anguille
a barbel . . . un barbeau
a dab . . . . . une barbue
a pike, jack . un brochet
a carp . . . . . une carpe
a flounder . . un carrelet
a shrimp . . une chevrette *ou* crevette
a crawfish . une écrevisse
a lobster . un homard, *ou* une écrevisse de mer
a smelt . . . . un éperlan
a gudgeon . . un goujon
a herring . . . un hareng
an oyster . . . une huître
a burt, bret . une limande

a mackerel . . un maquereau
a sprat . . . . une melette
a whiting . . . un merlan
a haddock . une merluche
a cod-fish . . . une morue
a muscle . . . une moule
a perch . . . . une perche
a cockle . . une pétoncle
a plaice . . . . . une plie
a roach . . . . un rouget
a pilchard . . une sardine
a salmon . . . un saumon
a sole. . . . . . une sole
a tench . . . . une tanche
a trout . . . . . une truite
a turbot . . . . un turbot
An insect . . . . un insecte
a bee . . . . . une abeille
a spider . . . une araignée
a drone . . . un bourdon
a Spanish fly . . une cantharide
a horned beetle . un cerf-volant
a caterpillar . une chenille
a hand-worm . . un ciron
a gnat . . . . . un cousin
a toad . . . . . un crapaud
a beetle . . . un escarbot
an ant . . . . une fourmi
a hornet . . . . un frelon
a frog . . . une grenouille
a cricket . . . . un grillon
a wasp . . . . . une guêpe
a cock-chafer . un hanneton
a snail. . . . . un limaçon
a slug . . . . . une limace
a fly . . . . . une mouche
a butterfly . . un papillon
an ear-wig . . un perce-oreille
a louse . . . . . . un pou
a bug . . . . . une punaise
a leech . . . une sangsue
a grasshopper. . une sauterelle
an ox-fly . . . . . un taon
a worm . . . . . . un ver
a small worm . . . un vermisseau
a silk-worm . . . un ver à soie
a glow-worm . . . un ver luisant
a viper . . . . une vipère
a flea . . . . . . une puce

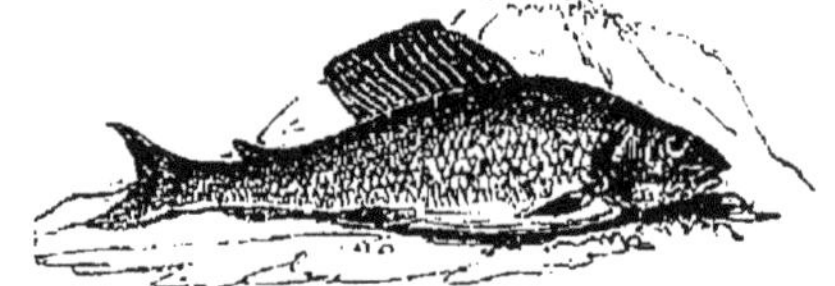

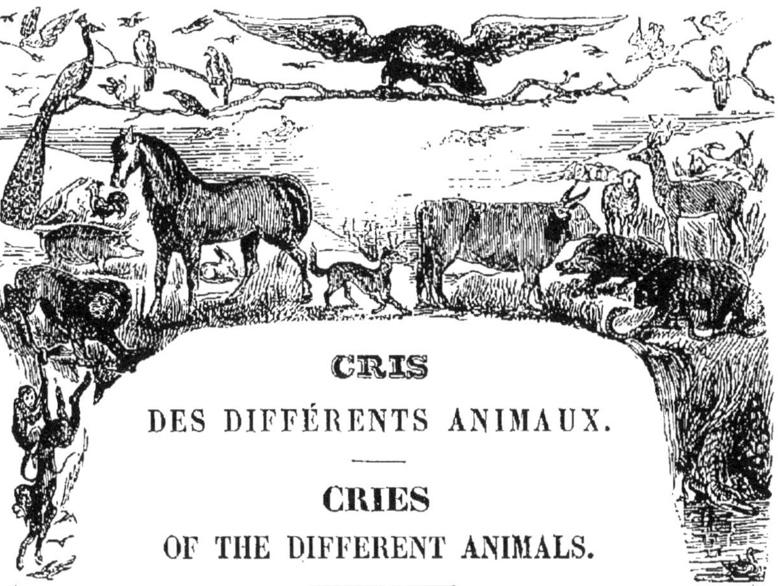

# CRIS
## DES DIFFÉRENTS ANIMAUX.

# CRIES
## OF THE DIFFERENT ANIMALS.

The cry is a kind of inarticulate voice, common to men and animals; but each kind of animal has a cry peculiar to itself, and intelligible to the animals of the same kind only.

Le cri est une sorte de voix inarticulée commune aux hommes et aux animaux, mais chaque espèce d'animal a un cri qui lui est particulier, intelligible seulement pour ceux de son espèce.

**L'HOMME**
parle et raisonne.
Man speaks and reasons.

**CES DEUX DAMES**
causent.
These two ladies are speaking.

**LES ABEILLES**
bourdonnent.
Bees hum.

**L'AIGLE**
trompette.
The Eagle screams.

**L'ALOUETTE**
chante.
The Lark carols.

**L'ANE**
brait.
The Ass brays.

**LE BŒUF**
beugle.
The Ox bellows.

**LE BOUVREUIL**
apprend à parler.
The Bull-finch learns to speak.

**LE BISON**
souffle.
The Bison bellows.

**LA BREBIS ET L'AGNEAU**
bêlent.
The Sheep and the Lamb blea

**LE CANARD**
barbotte et nasille.
The Duck quacks.

**LE CERF**
brame, vait ou vée.
The Stag bells.

**LE CHARDONNERET**
chante.
The Goldfinch sings.

**LE CHAT**
miaule.
The Cat mews.

**LE CHEVAL**
hennit.
The Horse neighs.

**LA CHÈVRE**
chevrote.
The Goat baas.

**LA CHOUETTE**
hue.
The Brown Owl hoots.

**LE CHIEN**.
aboie et hurle.
The Dog barks and howls.

**LE PETIT CHIEN**
jappe.
The little Dog yelps.

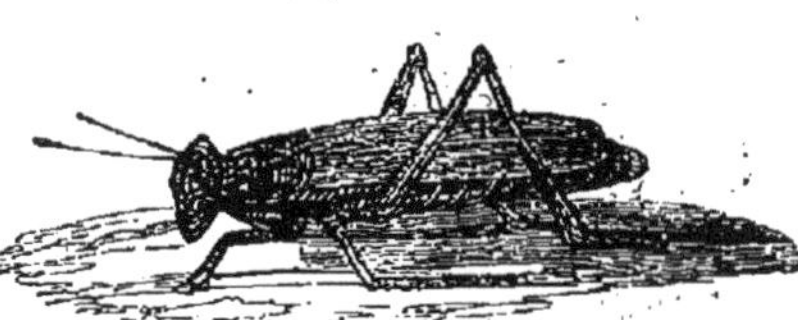

**LA CIGALE**
chante ou craquète.
The Grass-hopper chirps.

**LE COCHON**
grogne.
The Pig grunts

**LES PETITS COCHONS**
piaillent.
Little pigs squeak.

**LA CIGOGNE**
craquète.
The Stork cackles.

**LA COLOMBE**
gémit.
The Dove moans.

**LE COQ**
chante.
The Cock crows.

**LE CORBEAU**
croasse.
The Raven croaks.

**LA CORNEILLE**
babille.
The Jackdaw chatters.

**LE CROCODILE**
lamente.
The Crocodile weeps.

**LE COUCOU**
chante son nom.
The Cuckoo sings his name.

**LE DINDON**
glougloute.
The Turkey gobbles.

**L'ÉTOURNEAU OU SANSONNET**
jabote.
The Starling chatters.

**LA FAUVETTE**
chante bien.
The Fauvet sings well.

**LE FRELON**
bourdonne.
The Hornet buzzes.

**LE GEAI**
cajole.
The Jay chatters.

**LA GRENOUILLE**
coasse.
The Frog croaks.

**L'HIRONDELLE**
gazouille.
The Swallow twitters.

**LE LAPIN**
glapit.
The Rabbit squeaks.

**LE LIÈVRE**
glapit.
The Hare squeaks.

**LE LION**
rugit.
The Lion roars.

**LE LOUP**
hurle.
The Wolf howls.

**LE MERLE**
siffle.
The Blackbird whistles.

**LE MOINEAU**
pépie.
The Sparrow chirps.

**LA MOUETTE**
lamente.
The Sea-mew shrieks.

**LE MOUTON**
bêle.
The Sheep bleats.

**L'OIE**
siffle ou criaille.
The Goose cackles.

**L'OURS**
gronde.
The Bear growls.

**LE PAON**
braille ou criaille.
The Peacock screams.

**LE PERROQUET**
cause.
The Parrot talks.

**LA PIE**
jase ou jacasse.
The Magpie chatters.

**LES PIGEONS**
roucoulent.
Pigeons coo.

**LA POULE**
glousse.
The Hen cackles.

**LES POULETS**
piaulent.
Chickens pule.

**LE RENARD**
glapit.
The Fox yelps

**LE ROSSIGNOL**
ramage.
The Nightingale warbles.

**LE SANGLIER**
grommelle.
The Wild Boar grunts.

**LE SERIN**
siffle des airs.
The Canary sings a tune.

**LE SERPENT**
siffle.
The Serpent hisses.

**LA SOURIS**
siffle.
The Mouse squeaks.

**LE TAUREAU**
mugit.
The Bull roars.

**LE TIGRE**
rauque.
The Tiger roars.

**LA TOURTERELLE**
roucoule.
The Turtle-dove coos.

**LA VACHE**
beugle.
The Cow lows.

## DENOMINATIONS PECULIAR TO CERTAIN ANIMALS.

### DÉNOMINATIONS PARTICULIÈRES A CERTAINS ANIMAUX.

We say the *paw* of a dog, a cat, and of other animals having no horn at their feet; the *foot* of a horse, an ass, an ox, and of the other animals having horn at their feet. We say the *mouth*, the *chest*, the *neck and shoulders*, the *crupper*, the *hoof*, of a horse, an ass, a camel; the *jaws* of a dog, a cat, etc.; the *snout* of a pig; the *muzzle* of a stag, an ox, a lion, a tiger; the *muzzle* of a dog, a fox, etc.; the *head*, the *tusks* of a boar.

On dit *la patte* d'un chien, d'un chat, et des autres animaux qui n'ont point de cornes aux pieds; le *pied* d'un cheval, d'un âne, d'un bœuf, et des autres animaux qui ont des cornes aux pieds. On dit la *bouche*, le *poitrail*, l'*encolure*, la *croupe*, le *sabot*, d'un cheval, d'un âne, d'un chameau; la *gueule* d'un chien, d'un chat, etc.; le *groin* d'un cochon; le *mufle* d'un cerf, d'un bœuf, d'un lion, d'un tigre; le *museau* d'un chien, d'un renard, etc.; la *hure*, les *défenses* d'un sanglier.

The female of the horse is called *mare*; the young horse, *colt* or *she-colt*.

La femelle du cheval s'appelle *jument*; le jeune cheval, *poulain* ou *pouliche*.

The female of the pig is called *sow*; the female of the boar, *sow*, and its little ones *grice*. The young stag is called *fawn*. We say a *pack of hounds*, to designate a great number of dogs trained for hunting. We say the cock's *spurs*, the *talons* of birds of prey, such as the eagle, the vulture, etc. The eagle's nest is called an *airy*. We call *spread of the wings extended* the extent of the birds's wings when they are spread.

La femelle du cochon s'appelle *truie*; celle du sanglier, *laie*; ses petits, *marcassins*. Le jeune cerf s'appelle *faon*. On dit *une meute de chiens*, pour indiquer une grande réunion de ces animaux, dressés pour la chasse. On dit les *ergots* d'un coq, les *serres* des oiseaux de proie, tels que l'aigle, le vautour, etc. Le nid de l'aigle s'appelle *aire*. On appelle *envergure* l'étendue ou l'extension des ailes déployées des oiseaux.

## CARDINAL NUMBERS.

### NOMBRES CARDINAUX.

| | | |
|---|---|---|
| One. . . . . . . . . . | Un, une. . . . | 1. I. |
| two. . . . . . . . . . | deux. . . . . . . | 2. II. |
| three. . . . . . . . . | trois. . . . . . . | 3. III. |
| four. . . . . . . . . . | quatre. . . . . . | 4. IV. |
| five . . . . . . . . . . | cinq. . . . . . . | 5. V. |
| six . . . . . . . . . . | six. . . . . . . . | 6. VI. |
| seven . . . . . . . . | sept. . . . . . . | 7. VII. |
| eight . . . . . . . . | huit. . . . . . . | 8. VIII. |
| nine . . . . . . . . . | neuf. . . . . . . | 9. IX. |
| ten. . . . . . . . . . | dix. . . . . . . . | 10. X. |
| eleven. . . . . . . . | onze. . . . . . . | 11. XI. |
| twelve. . . . . . . . | douze. . . . . . | 12. XII. |
| thirteen. . . . . . . | treize. . . . . . | 13. XIII. |
| fourteen . . . . . . | quatorze. . . . . | 14. XIV. |
| fifteen. . . . . . . . | quinze. . . . . . | 15. XV. |
| sixteen. . . . . . . | seize. . . . . . . | 16. XVI. |
| seventeen. . . . . . | dix-sept. . . . . | 17. XVII. |
| eighteen. . . . . . | dix-huit. . . . . | 18. XVIII. |
| nineteen . . . . . . | dix-neuf. . . . . | 19. XIX. |
| twenty . . . . . . . | vingt. . . . . . | 20. XX. |
| twenty-one. . . . . | vingt et un. . . | 21. XXI. |
| twenty-two. . . . . | vingt-deux. . . | 22. XXII. |
| twenty-three. . . . | vingt-trois. . . | 23. XXIII. |
| twenty-four. . . . | vingt-quatre . . | 24. XXIV. |
| twenty-five. . . . . | vingt-cinq. . . . | 25. XXV. |
| twenty-six. . . . . | vingt-six. . . . | 26. XXVI. |
| twenty-seven. . . . | vingt-sept . . . | 27. XXVII. |
| twenty-eight. . . . | vingt-huit. . . . | 28. XXVIII |
| twenty-nine. . . . | vingt-neuf. . . . | 29. XXIX. |

| | | |
|---|---|---|
| thirty. . . . . . . . | trente. . . . . . | 30. XXX. |
| thirty-one. . . . . . | trente et un. . . | 31. XXXI. |
| thirty-two, etc. . . | trente-deux, etc | 32. XXXII. |
| forty. . . . . . . . . | quarante. .... | 40. XL. |
| forty-one. . . . . . | quarante et un. | 41. XLI. |
| forty-two, etc. . . | quarante-deux, etc. | 42. XLII. |
| fifty. . . . . . . . . | cinquante. . . . | 50. L. |
| fifty-one. . . . . . | cinquante et un | 51. LI. |
| fifty-two, etc. . . . | cinquante-deux etc. | 52. LII. |
| sixty. . . . . . . . . | soixante. . . . . | 60. LX. |
| sixty-one. . . . . . | soixante et un. | 61. LXI. |
| sixty-two, etc. . . . | soixante-deux, etc. | 62. LXII. |
| seventy. . . . . . . | soixante-dix. . . | 70. LXX. |
| seventy-one. . . . | soixante-onze. . | 71. LXXI. |
| seventy-two, etc. . | soixante-douze, etc. | 72. LXXII. |
| eighty. . . . . . . . | quatre-vingts. . | 80. LXXX. |
| eighty-one. . . . . . | quatre-vingt-un | 81. LXXXI. |
| eighty-two, etc. . . | quatre - vingt - deux, etc. | 82. LXXXII |
| ninety . . . . . . . | quatre - vingt - dix. | 90. XC. |
| ninety-one. . . . . | quatre - vingt - onze. | 91. XCI. |
| ninety-two, etc. . . | quatre - vingt - douze. | 92. XCII. |
| a hundred. . . . . | cent. . . . . . . | 100. C. |
| a hundred and one. | cent un . . . | 101. CI. |
| a hundred and twenty. | cent vingt . . | 120. CXX. |

| | | |
|---|---|---|
| a hundred and twenty-one, etc. | cent vingt et un, etc. . . . | 121. CXXI. |
| a hundred and thirty. | cent trente, etc. | 130. CXXX. |
| two hundred. . . . | deux cents. . . | 200. CC. |
| two hundred and one. | deux cent un. . | 201. CCI. |
| two hundred and two, etc. . . . . | deux cent deux, etc. | 202. CCII. |
| three hundred. . . | trois cents. . . . | 300. CCC. |
| four hundred . . . | quatre cents. . | 400. CD. |
| five hundred. . . . | cinq cents. . . . | 500. D. |
| six hundred. . . . . | six cents. . . . | 600. DC. |
| seven hundred. . . | sept cents . . . | 700. DCC. |
| eight hundred. . . | huit cents. . . . | 800. DCCC. |
| nine hundred. . . . | neuf cents. . . . | 900. CM. |
| a thousand. . . . . . | mille. . . . . . . | 1 000. M. |
| two thousand. . . . | deux mille. . . | 2 000. II. M. |
| three thousand. . . | trois mille. . . | 3 000. III. M. |
| four thousand, etc. | quatre mille, etc | 4 000. IV. M. |
| ten thousand. . . . | dix mille. . . . | 10 000. X. M. |
| fifty thousand . . . | cinquante mille | 50 000. L. M. |
| a hundred thousand. | cent mille. . . | 100 000. C. M. |
| two hundred thousand. | deux cent mille. | 200 000. CC. M. |
| five hundred thousand. | cinq cent mille. | 500 000. D. M. |
| a million. . . . . . | un million. . . | 1 000 000. CCCCIↃↃↃↃ. |

## ORDINAL NUMBERS.

### NOMBRES ORDINAUX.

| | | | |
|---|---|---|---|
| The first. . . . . . . . | 1st. | Le premier, la première. . . . . . . . . . . | 1er. |
| the second. . . . . . | 2nd. | le second, la seconde, | 2e. |
| the third. . . . . . . . | 3rd. | le troisième . . . . . . | 3e. |
| the fourth . . . . . . | 4th. | le quatrième. . . . . . | 4e. |
| the fifth . . . . . . . . | 5th. | le cinquième . . . . . | 5e. |
| the sixth . . . . . . . . | 6th. | le sixième . . . . . . . . | 6e. |
| the seventh. . . . . . | 7th. | le septième . . . . . . | 7e. |
| the eighth . . . . . . | 8th. | le huitième. . . . . . . | 8e. |
| the ninth . . . . . . | 9th. | le neuvième . . . . . . | 9e. |
| the tenth . . . . . | 10th. | le dixième. . . . . . . | 10e |
| the eleventh . . . . | 11th. | le onzième . . . . . . | 11e |
| the twelfth . . . . . | 12th. | le douzième. . . . . . | 12e |
| the thirteenth . . . | 13th. | le treizième. . . . . . | 13e |
| the fourteenth . . . | 14th. | le quatorzième . . . . | 14e |
| the fifteenth . . . . | 15th. | le quinzième. . . . . . | 15e |
| the sixteenth. . . . | 16th. | le seizième . . . . . . | 16e |
| the seventeenth . . | 17th. | le dix-septième . . . . | 17e |
| the eighteenth . . . | 18th. | le dix-huitième . . . . | 18e |
| the nineteenth. . . | 19th. | le dix-neuvième. . . . | 19e |
| the twentieth . . . | 20th. | le vingtième. . . . . . | 20e |
| the twenty-first. . . | 21st. | le vingt et unième . . | 21e |
| the twenty-second. | 22nd. | le vingt-deuxième, etc. | 22e |
| the thirtieth . . . . | 30th. | le trentième . . . . . | 30e |
| the fortieth. . . . . | 40th. | le quarantième . . . . | 40e |
| the fiftieth . . . . . | 50th. | le cinquantième. . . . | 50e |
| the sixtieth. . . . . | 60th. | le soixantième. . . . . | 60e |
| the eightieth . . . . | 80th. | le quatre-vingtième. . | 80e |
| the hundredth . . | 100th. | le centième . . . . . | 100e |

| | |
|---|---|
| the hundred and first. etc. . . . . . . . . 101st. | le cent-unième, etc. 101^e^ |
| the two hundredth 200th. | le deux-centième . . 200^e^ |
| the thousandth . 1000th. | le millième, etc.. . 1000^e^ |

---

| | | | |
|---|---|---|---|
| the double . . . | le double | the fourth, $\frac{1}{4}$. . | le quart |
| the half, $\frac{1}{2}$. . . | la moitié | the quintuple. | le quintuple |
| the treble . . . . | le triple | the fifth. . . | le cinquième |
| the third, $\frac{1}{3}$ . . . | le tiers | the sixth. . . . | le sixième |
| the quadruple | le quadruple | the centuple. . | le centuple |

Groupe d'animaux sauvages au repos. A group of wild animals at rest.

# PHRASES FAMILIÈRES

## ET DIALOGUES

### EN ANGLAIS ET EN FRANÇAIS.

---

| 1 | 1. |
|---|---|
| My dear | Mon cher, ma chère |
| My dear child | Mon cher enfant<br>Ma chère enfant |
| How old are you? | Quel âge avez-vous? |
| I am eight years old. | J'ai huit ans |
| What is your name? | Comment vous nommez-vous? |
| My name is Lewis,—Louisa. | Je me nomme Louis,—Louise. |
| **2.** | **2.** |
| Give me, if you please | Donnez-moi, s'il vous plaît |
| A cup of tea—of coffee | Une tasse de thé—de café |
| A slice of bread and butter | Une beurrée |
| Some cream or some milk | De la crème ou du lait |
| A bit of sugar | Un morceau de sucre |
| I thank you | Je vous remercie |
| I return you thanks. | Je vous rends grâces. |

| 3. | 3. |
|---|---|
| Bring me | Apportez-moi |
| My book—some paper | Mon livre—du papier |
| Some ink—a pen | De l'encre—une plume |
| Lend me, for a moment | Prêtez-moi pour un moment |
| A dictionary | Un dictionnaire |
| Your pencil—your penknife | Votre crayon—votre canif |
| I am greatly obliged to you. | Je vous suis bien obligé. |
| **4.** | **4.** |
| Grant me a favour | Accordez-moi une grâce |
| Pray, I pray you. | Je vous prie. |
| I beseech you, entreat you. | Je vous supplie. |
| With all my heart | De tout mon cœur |
| If I can do it. | Si je le puis faire. |
| Give me leave to get out. | Permettez-moi de sortir. |
| I cannot. | Je ne saurais.<br>Je ne puis pas. |
| Stay here a moment | Restez ici un moment |
| Take up your work. | Prenez votre ouvrage. |
| **5.** | **5.** |
| Come near me. | Approchez-vous de moi. |
| Show me that. | Montrez-moi cela. |
| Sit down there. | Asseyez-vous là. |
| Take care. | Prenez garde. |
| Get your lesson ready. | Préparez votre leçon. |
| Are you ready? | Êtes-vous prêt, prête. |
| I know my lesson. | Je sais ma leçon. |
| Rise, get up now. | Levez-vous à présent. |
| Shut the door. | Fermez la porte. |

| | |
|---|---|
| Open the window. | Ouvrez la fenêtre. |
| Go and warm yourself. | Allez vous chauffer. |
| 6. | 6. |
| What do you want? | Que voulez-vous? Que souhaitez-vous? |
| What do you look for? | Que cherchez-vous? |
| What have you lost? | Qu'avez-vous perdu? |
| Answer me. | Répondez-moi. |
| I am looking for my hat. | Je cherche mon chapeau. |
| What do you say? | Que dites-vous? |
| Speak louder. | Parlez plus haut. |
| I don't hear you. | Je ne vous entends pas. |
| What are you thinking of? | A quoi pensez-vous? |
| What are you doing? | Que faites-vous? |
| What have you done? | Qu'avez-vous fait? |
| I have not done anything. | Je n'ai rien fait |
| I have been here an hour. | Il y a une heure que je suis ici. |
| You come too late. | Vous arrivez trop tard. |

## I.

## OF MEETING AND SALUTING A PERSON.

### POUR ABORDER ET SALUER QUELQU'UN.

| | |
|---|---|
| Sir, madam, miss, I wish you a good day, good morrow to you. | Monsieur, madame, mademoiselle, je vous souhaite le bon jour. |
| How do you do this morning? | Comment vous portez-vous ce matin? |
| Very well, thank God. | Très-bien, Dieu merci. |
| I am very well. | Je me porte fort bien. |
| At your service. | A votre service. |

| | |
|---|---|
| Ready to serve you. | Prêt à vous rendre service. |
| And you, how is it with you? | Et vous, comment va la santé? |
| Pretty well. | Assez bien. |
| Tolerably well. | Passablement bien. |
| Indifferent, so so. | Tout doucement, là là. |
| As usual. | A mon ordinaire. |
| Exceedingly well. | Parfaitement bien. |
| I am very glad of it. | J'en suis charmé. |
| And you, madam, how do you enjoy your health? | Et vous, madame, comment va l'état de votre santé? |
| I am not well. | Je ne me porte pas bien |
| I am sorry for it. | J'en suis fâché, fâchée. |
| How does your brother do to-day? | Comment se porte monsieur votre frère aujourd'hui? |
| He is a little indisposed. | Il est un peu indisposé. |
| He has got a cold; he has got the head-ache. | Il est enrhumé; il a mal à la tête |
| I am sorry to hear he is ill. | Je suis fâché d'apprendre qu'il se porte mal. |
| I'll go and see him this evening. | J'irai le voir ce soir. |

## II.

### ON THE WEATHER AND THE HOUR.

### DU TEMPS ET DE L'HEURE.

| | |
|---|---|
| Is it fine weather to-day? | Fait-il beau aujourd'hui? |
| It is not so fine as it was yesterday. | Il ne fait pas si beau qu'hier. |

| | |
|---|---|
| It is clear, serene, and dry weather | Il fait un temps clair, serein, et sec |
| —dark, wet, windy, stormy, rainy. | — obscur, humide, venteux, orageux, pluvieux. |
| Does it rain? Does it snow? | Pleut-il? Neige-t-il? |
| It rains very hard. | Il pleut à verse. |
| It snows a little. | Il neige un peu. |
| It freezes—it hails. | Il gèle—il grêle. |
| The wind is very high. | Il fait grand vent. |
| There is a very thick fog. | Il fait un brouillard fort épais. |
| The sun begins to appear. | Le soleil commence à paraître. |
| I see the rainbow. | Je vois l'arc-en-ciel. |
| It is a sign of fine weather. | C'est signe de beau temps. |
| What's o'clock? | Quelle heure est-il? |
| It is not late. | Il n'est pas tard. |
| It is almost one o'clock. | Il est près d'une heure. |
| It has just struck one. | Il vient de sonner une heure. |
| It is half past one. | Il est une heure et demie. |
| It is almost two o'clock. | Il va sonner deux heures. |
| It is three quarters past three. | Il est quatre heures moins un quart. |
| The clock strikes. | L'horloge sonne. |
| It has struck two. | Deux heures sont sonnées. |
| I did not think it was so late. | Je ne croyais pas qu'il fût si tard. |
| Look at your watch. | Regardez à votre montre. |
| It goes too fast—it goes too slow. | Elle avance—elle retarde. |
| It does not go right. | Elle ne va pas bien. |

## III.

### OF EATING AND DRINKING.

#### POUR MANGER ET POUR BOIRE.

| | |
|---|---|
| I am hungry; I am very hungry. | J'ai faim; j'ai grand'faim. |
| Give me something to eat. | Donnez-moi quelque chose à manger. |
| What will you eat; some bread and butter? | Que voulez-vous manger; du pain et du beurre? |
| Bring me something else. | Apportez-moi quelque autre chose. |
| Will you have roast or boiled meat? | Voulez-vous du rôti ou du bouilli? |
| Here is some mutton, beef, veal, and bacon. | Voici du mouton, du bœuf, du veau et du lard. |
| We have also got a ham, which is very nice. | Nous avons aussi du jambon, qui est excellent. |
| Do you choose to eat any? | En souhaitez-vous? |
| There is a plate, a knife, and a fork. | Voilà une assiette, un couteau, et une fourchette. |
| The cloth is laid. | Le couvert est mis. |
| The dinner is upon the table. | On a servi. |
| Give a knife and fork to my sister. | Donnez un couvert à ma sœur. |
| Help yourself, sir. | Servez-vous, monsieur. |
| I have eaten enough. | J'ai assez mangé. |
| I am dry; I am very dry. | J'ai soif; j'ai grand' soif. |
| Give me some drink. | Donnez-moi à boire. |
| Your table beer is not good. | Votre petite bière n'est pas bonne. |

| | |
|---|---|
| I find it too bitter. | Je la trouve trop amère. |
| Bring me a glass of wine, a glass of water. | Apportez-moi un verre de vin, un verre d'eau. |
| Now I have eaten and drunk quite sufficient. | A présent, j'ai mangé et bu suffisamment. |
| Take away all these things. | Emportez tout ceci. |

## IV.

### OF GOING, COMING, ETC.

#### POUR ALLER, VENIR, ETC.

| | |
|---|---|
| Where are you going? | Où allez-vous? |
| I am going home. | Je vais chez nous. |
| Whence do you come? | D'où venez-vous? |
| I come from Mr. B——'s | Je viens de chez M. B—. |
| Will you come with me? | Voulez-vous venir avec moi? |
| Will you take a walk? | Voulez-vous faire un tour de promenade? |
| Answer me; say yes or no. | Répondez-moi; dites oui ou non. |
| I have no time. | Je n'ai pas le temps. |
| I will; I consent to it. | Je le veux bien; j'y consens. |
| Where shall we go? Which way shall we go? | Où irons-nous? Par où irons-nous? |
| Go this way—that way. | Allez par ici—par là. |
| It is the shortest way. | C'est le plus court. |
| Which way you please. | Par où il vous plaira. |
| On the right hand, to the right. | A main droite, à droite. |
| On the left hand, to the left. | A main gauche, à gauche, sur la gauche. |

| | |
|---|---|
| Stay there—come here. | Restez là—venez ici. |
| Let us cross the street here. | Traversons ici la rue. |
| Let us go through that fine street. | Prenons cette belle rue. |
| The foot pavement is very good. | Le trottoir est excellent. |
| You walk very fast. | Vous marchez bien vite. |
| I cannot follow you. | Je ne saurais vous suivre. |
| You go too fast. | Vous allez trop vite. |
| I cannot go so fast. | Je ne saurais aller si vite. |
| We shall not get there in time. | Nous n'arriverons pas à temps. |
| Go a little slower. | Allez un peu plus doucement. |
| Are you tired? | Êtes-vous las, lasse? |
| I am very tired. | Je suis fort fatigué, e. |
| Let us rest a little. | Reposons-nous un peu. |

## V.

### OF THE DAYS, MONTHS, AND SEASONS.

#### DES JOURS, DES MOIS ET DES SAISONS.

| | |
|---|---|
| I shall go to London on Monday or Tuesday next. | J'irai à Londres lundi ou mardi prochain. |
| I shall return on Wednesday week. | Je reviendrai de mercredi en huit. |
| My brother will set out on Thursday or Friday. | Mon frère partira jeudi ou vendredi. |
| I shall write to him on Saturday or Sunday. | Je lui écrirai samedi ou dimanche. |
| It is cold in the months of January and February. | Il fait froid aux mois de janvier et de février. |

| | |
|---|---|
| The days are somewhat longer in the month of March. | Les jours sont un peu plus longs au mois de mars. |
| Nature seems to revive in the month of April. | La nature semble revivre au mois d'avril. |
| The trees are in bloom in the month of May. | Les arbres sont en fleurs au mois de mai. |
| The meadows are mowed in the months of June and July. | On fauche les prés aux mois de juin et de juillet. |
| They begin to cull down the corn in the month of August. | On commence à couper les blés au mois d'août. |
| The harvest is almost over in the month of September. | La moisson est presque finie au mois de septembre. |
| The days are much shortened in the month of October. | Les jours sont fort raccourcis au mois d'octobre. |
| Fire begins to be comfortable in the month of November. | Le feu commence à être de saison au mois de novembre. |
| It soon grows dark at the end of December. | Il fait bientôt nuit à la fin de décembre. |
| The spring is pleasant; the summer is generally hot; the autumn is mild; and the winter is cold. | Le printemps est agréable; l'été est ordinairement chaud; l'automne est tempéré; et l'hiver est froid. |

# DEUXIÈME PARTIE

## EXERCICES

DE

## TRADUCTION INTERLINÉAIRE ET JUXTALINÉAIRE

---

# PART II

## EXERCISES

ON

## INTERLINEAR AND JUXTALINEAR TRANSLATION

# PETITS CONTES
## A L'USAGE DES ENFANTS.

---

# LITTLE TALES
## FOR CHILDREN.

---

### Leçon 1.

Jack Hall was a good boy. He went to school,
Jack Hall était un bon garçon. Il allait à l'école,
and took pains to learn as he ought. When
et s'appliquait à apprendre comme il devait. Quand
he was in school, he kept to his books
il était à l'école, il s'appliquait a ses livres
till all his tasks were done; and then
jusqu'à ce que tous ses devoirs fussent faits; et puis
when he came out, he could play with a good
quand il sortait, il pouvait jouer de bon
heart, for he knew that he had time; and he
cœur, car il savait qu' il avait le temps; et il
was so kind, that all the boys were glad to
était si bon, que tous les enfants étaient charmés de
play with him.
jouer avec lui.

When he was one of the least boys in the
Quand il était un des plus petits enfants dans l'
school, he made all the great boys his friends;
école, il faisait tous les grands garçons ses amis;
and when he grew a great boy, he was a friend
et quand il devint un grand garçon, il fut l' ami
to all that were less than he was He
de tous ceux qui étaient plus petits qu' il ne (l') était. Il
was not once known to fight, or
ne fut pas une seule fois connu (pour) se battre, ou
to use one of the boys ill, as long as he staid
traiter un des enfants mal, aussi longtemps qu' il resta
at school.
à l'école.

Be like Jack Hall, and you too will gain the
Soyez comme Jack Hall, et vous aussi gagnerez l'
love of all who know you.
amitié de tous (ceux) qui connaissent vous.

---

Leçon 2.

Tom fell in the pond; they got him out, but
Tom tomba dans l' étang; on le retira, mais
he was wet and cold; and his eyes were shut;
il était mouillé et froid; et ses yeux étaient fermés;
and then he was sick, and they put him to
et puis il avait mal au cœur, et on mit lui au
bed; and he was long ill and weak, and
lit; et il fut longtemps malade et faible, et
could not stand. Why did he go near
ne pouvait pas se tenir debout. Pourquoi allait-il près de
the pond? He had been told not to go, for
l' étang? On lui avait dit de n'(y) pas aller, de

fear he should fall in; but he would go and
crainte (qu') il (ne) tombât dedans; mais il voulut (y) aller, et
he did fall in: it was his own fault, and he was
il tomba dedans: c'était sa faute, et c'était
a bad boy. Mind and do not do the same.
un méchant garçon. Songez-y et ne faites pas de même.

---

Leçon 3.

I knew a nice girl, but she was not good;
J' ai connu une jolie petite fille, mais elle n'était pas bonne;
she was cross, and told fibs. One day she
elle était maussade, et disait des mensonges. Un jour elle
went out to take a walk in the fields, and tore
sortit pour se promener dans les champs, et déchira
her frock in a bush; and when she came home
sa robe dans un buisson; et quand elle revint à la maison
she said she had not done it, but that the dog
elle dit qu'elle (n') avait pas fait cela, mais que le chien
had done it with his paw. Was that good? No.
avait fait cela avec sa patte. Cela était-il bien? Non.
Her aunt gave her a cake; and she thought
Sa tante lui donna un gâteau; et elle pensa
if John saw it, he would want to have a bit;
(que) si John le voyait, il voudrait en avoir un morceau;
and she did not choose he should: so she
et elle ne voulait pas qu'il en eût: aussi elle
put it in a box and hid it, that he might not
le mit dans une boîte et le cacha, pour qu'il ne pût pas
see it. The next day she went to eat some
le voir. Le jour suivant elle alla pour manger un peu
of her cake; but it was gone: there was a hole
de son gâteau; mais il était parti: il y avait un trou

in the box, and a mouse had crept in
dans la boîte, et une souris s'était glissée dedans

and eat it all. She then did cry so much that
et l'avait mangé tout entier. Elle alors pleura si fort que

the nurse thought she was hurt; but when
la bonne pensa (qu')elle était blessée; mais quand

she told her what the mouse had done, she said
elle lui dit ce que la souris avait fait, elle dit

she was glad of it; and that it was a bad
(qu')elle était charmée de cela; et que c'était une vilaine

thing to eat it all, and not give a bit
chose de le manger tout entier, et ne pas donner un morceau

to John.
à John.

---

Leçon 4.

Miss Jane Bond had a new doll; and her
Miss Jane Bond avait une nouvelle poupée; et sa

good aunt, who bought it, gave her some
bonne tante, qui avait acheté elle, donna à elle un peu de

cloth to make a shift for it. She gave her
toile pour faire une chemise pour elle. Elle donna à elle

a coat too, and a pair of stays, and a yard of
un habit aussi, et un corset, et une aune de

twist with a tag to it, for a lace; a pair of
cordonnet avec un ferret au bout, pour un lacet; une paire de

red shoes, and some gauze for a frock, and a
rouges souliers, et de la gaze pour une robe, et une

broad white sash.
large blanche ceinture.

Now these were fine things, you know; but
Or c'étaient là de belles choses, savez-vous? mais

miss Jane had no thread, so she could not make
miss Jane n'avait pas de fil, ainsi elle ne pouvait pas faire
doll's clothes when she had cut them out;
les habits de la poupée quand elle eut taillé eux;
but her kind aunt gave her some thread too, and
mais sa bonne tante donna à elle du fil aussi, et
then she went hard to work and made doll
alors elle se mit avec ardeur à l'ouvrage, et fit la poupée
quite smart in a short time.
tout à fait belle en peu de temps.

---

## Leçon 5.

Miss Rose was a good child, she did at all times
Miss Rose était une bonne enfant, elle faisait toujours
what she was bid. She got all her tasks by
ce qui lui était ordonné. Elle apprenait toutes ses leçons par
heart, and did her work quite well. One day
cœur, et faisait son ouvrage tout à fait bien. Un jour
she had learnt a long task in her book, and done
elle avait appris une longue leçon dans son livre, et fait
some nice work; so her aunt said : you are a
quelque joli ouvrage; aussi sa tante dit : vous êtes une
good girl, my dear, and I will take you with me
bonne fille, ma chère, et je mènerai vous avec moi
to see miss Cox.
pour voir miss Cox.

So miss Rose went with her aunt, and miss Cox
Ainsi miss Rose alla avec sa tante, et miss Cox
was quite glad to see her, and took her to her
fut tout à fait charmée de voir elle, et mena elle à sa
play-room, where they saw a doll's house
chambre aux joujoux, où elles virent une maison de poupée,

with rooms in it; there were eight rooms;
avec des chambres dedans; il y avait huit chambres;

and there were in these rooms chairs, and
et il y avait dans ces chambres des chaises, et

stools, and beds, and plates, and cups,
des tabourets, et des lits, et des assiettes, et des tasses,

and spoons, and knives and forks, and
et des cuillers, et des couteaux, et des fourchettes, et

mugs, and a screen, and I do not know what.
des pots, et un paravent, et je ne sais quoi.

So miss Rose was glad she had done
Donc miss Rose était charmée (parce qu') elle avait fait

her work, and said her task so well; for if she
son ouvrage, et dit sa leçon si bien; car si elle

had not she would have staid at home, and
ne l'avait pas (fait), elle serait restée à la maison, et

lost the sight of the doll's house.
(aurait) perdu la vue de la maison de la poupée.

---

## Leçon 6.

Charles went out to walk in the fields; he
Charles sortit pour se promener dans les champs; il

saw a bird, and ran to catch it; and when they
vit un oiseau et courut pour saisir lui; et quand on

said, Do not take the poor bird; what will you do
(lui) dit: Ne prenez pas le pauvre oiseau; que ferez-vous

with it? he said, I will put it in a cage and
de lui? il dit: Je mettrai lui dans une cage et

keep it. But they told him he must not;
garderai lui. Mais on dit à lui (qu') il ne devait pas (le faire);

for they were sure he would not like to be
car on était sûr (qu') il n'aimerait pas être

shut up in a cage, and run no more in the
enfermé dans une cage et ne plus courir dans les
fields; — why then should the poor bird
champs; — pourquoi donc le pauvre animal
like it? So Charles let the poor thing fly.
l'aimerait-il? Ainsi Charles laissa la pauvre bête s'envoler.

---

## Leçon 7.

Frank Pitt was a great boy; he had such a pair
. Frank Pitt était un grand garçon; il avait une telle paire
of fat cheeks that he could scarce see out his eyes,
de grosses joues qu' il pouvait à peine voir avec ses yeux,
for you must know that Frank would sit and eat
car il faut que vous sachiez que Frank s'asseyait et mangeait
all day long. First he would have a great mess
tout le long du jour. D'abord il voulait avoir un grand plat
of rice-milk, in an hour's time he would ask for
de riz au lait; dans une heure de temps il demandait
bread and cheese, then he would eat loads of
du pain et du fromage, ensuite il mangeait des charges de
fruit and cakes; and as for meat and pies, if
fruits et de gâteaux; et quant à la viande et aux pâtés, si
you had seen him eat them, it would have made
vous aviez vu lui manger eux, cela aurait fait
you store. Then he would drink as much
vous ouvrir de grands yeux. Puis il buvait autant
as he eat. But Frank could not long go on
qu' il mangeait. Mais Frank ne pouvait pas longtemps aller
so, no one can feed in this way but it
ainsi, personne (ne) peut se nourrir de cette manière sans que cela
must make him ill; and this was the case with
rende lui malade; et cela fut le cas de

Frank Pitt; nay, he was like to die; but he
Frank Pitt; même il fut près de mourir; mais il
did get well at last, though it was a long while
guérit à la fin, quoique ce fut un long temps
first.
d'abord (quoique ce ne fut que longtemps après).

---

## Leçon 8.

Frank Pitt went out to walk in the fields; he
Frank Pitt sortit (pour) se promener dans les champs; il
found a nest, and took out the young birds;
trouva un nid, et prit les jeunes oiseaux;
he brought them home, but they did not know
il porta eux à la maison, mais ils ne savaient pas
how to eat, and he did not know how to feed
comment manger, et il ne savait pas comment nourrir
them. So the poor things were soon dead; and
eux. Aussi les pauvres bêtes furent bientôt mortes; et
then he went to see if he could get more; but he
alors il alla voir s' il pouvait(en)avoir encore; mais il
found the poor old bird close by the nest;—her
trouva le pauvre vieil oiseau tout près du nid; — ses
young ones were gone, and she was sad, and did cry.
petits étaient partis, et il était triste, et pleurait.
Frank was sad too, but he could not bring them
Frank était triste aussi, mais il ne pouvait rapporter
back; they were all dead and gone. Poor Frank!
eux; ils étaient tous morts et partis. Pauvre Frank!
I know he did not mean to let them die; but
je sais (qu')il n'avait pas l'intention de laisser eux mourir; mais
why did he take them from their nest, and from the
pourquoi enlevait-il eux à leur nid, et au

old bird who would have fed them, and could take
vieil oiseau qui aurait nourri eux, et pouvait prendre
care of them? How would he like to be stole from
soin d' eux? Comment aurait-il aimé être enlevé de
his home?
son chez lui?

---

## Leçon 9.

Look at Jane, her hand is bound up in a cloth;
Regardez Jeanne, sa main est enveloppée dans un linge;
you do not know what ails it, but I will tell you
vous ne savez pas ce qui lui fait mal, mais je dirai (à) vous
she had a mind to try if she could poke the fire,
(qu')elle eut l' idée d'essayer si elle pouvait attiser le feu
though she had been told she must not do it;
quoique on lui eût dit (qu')elle ne devait pas le faire;
and it would have been well for her if she had not
et il aurait été bien pour elle si elle n'avait pas
tried; for she had not strength for such work as
essayé; car elle n'avait pas de force pour un tel ouvrage que
that, and she fell with her hand on the bar of the
celui-là, et elle tomba avec la main sur la barre de la
grate, which burnt her much, and gave her great
grille, ce qui brûla elle beaucoup, et causa à elle une grande
pain; and she cannot work, or play, or do the least
douleur; et elle ne peut travailler, ou jouer, ou faire la moindre
thing with her hand. It was a sad thing not to mind
chose avec sa main. Ce fut une triste chose(de)ne pas songer
what was said to her.
(à)ce qui fut dit à elle.

---

## Leçon 10.

In the lane I met some boys; they had a dog
Dans la ruelle je rencontrai quelques garçons; ils avaient un chien
with them, and they would make draw him a cart;
avec eux, et ils voulaient faire tirer lui une charrette;
but it was full of great stones; and he could not
mais elle était pleine de grosses pierres, et il ne pouvait pas
draw it. Poor dog! he would have done it to please
tirer elle. Pauvre chien! il aurait fait cela pour plaire
them if he could: but he could not move it; and
(à) eux s' il pouvait: mais il ne pouvait pas mouvoir elle; et
when they saw that he did not, they got a great
quand ils virent qu' il ne pouvait pas, ils prirent un grand
stick to beat him with, but I could not let them do
bâton pour battre lui avec, mais je ne pus pas laisser eux faire
that. So I took the stick from them, and drove them
cela. Ainsi je pris le bâton d' eux, et chassai eux
off; and when they were gone, I let the dog
loin de là; et quand ils furent partis, je laissai le chien
loose, and hid the cart in the hedge,
libre (je détachai le chien), et cachai la charrette dans la haie,
where I hope they will not find it.
où j' espère (qu')ils ne trouveront pas elle.

It is a sad thing when boys beat poor dumb
C' est une triste chose quand des enfants battent de pauvres muets
things: if the dog had not been good, he would have
êtres: si le chien n'avait pas été bon, il aurait
bit them; but he was good, and ought not to have
mordu eux; mais il était bon, et ne devait pas avoir
been hurt.
été (être) maltraité.

---

## Leçon 11.

I once saw a young girl tie a string to a bird's
Je une fois vis une jeune fille attacher un cordon à une d'oiseau
leg, and pull it through the yard. But it could
patte, et tirer lui à travers la cour. Mais il ne pouvait
not go so fast as she did; she ran, and it went
pas aller si vite qu' elle faisaït; elle courait, et lui allait
hop hop, to try to keep up with her, but it
saûtillant, pour essayer de suivre elle, mais il
broke its poor leg, and there it lay on the hard
brisa sa pauvre patte, et il resta sur les dures
stones, and its head was hurt; and the poor bird
pierres, et sa tête fut blessée; et le pauvre oiseau
was soon dead. So I told her maid not to let
fut bientôt mort. Ainsi je dis (à) sa bonne de ne pas laisser
her have birds if she was to use them so ill;
elle avoir des oiseaux si elle devait traiter eux si mal;
and she has not had one since that time.
et elle n'(en) a pas eu un depuis ce temps.

---

## Leçon 12.

There was a little boy, who was not higher
Il y avait un petit garçon, qui n'était pas plus haut
than the table, and his papa and mamma sent
que la table, et son papa et (sa) maman envoyèrent
him to school. It was a very pleasant morning;
lui à (l')école. C' était une très agréable matinée;
the sun shone, and the birds sang on the trees.
le soleil brillait, et les oiseaux chantaient sur les arbres.
Now this little boy did not love his book much,
Or ce petit garçon n'aimait pas son livre beaucoup,

for he was but a silly boy, as I said before
car il (n')était qu' un sot garçon, comme je (l')ai dit déjà.
If he had been a big boy, I suppose he
S' il avait été un grand garçon, je suppose (qu')il
would have been wiser; but he had a great
aurait été plus sage; mais il avait une grande
mind to play instead of going to school. And he
envie de jouer au lieu d' aller à (l')école. Et il
saw a bee flying about, first upon one flower
vit une abeille voltigeant çà et là, d'abord sur une fleur
and then upon another; so he said, "Pretty bee,
et puis sur une autre; ainsi il dit: « Jolie abeille,
will you come and play with me?" But the bee
voulez-vous venir jouer avec moi? » Mais l' abeille
said, "No, I must not be idle, I must go
dit: « Non, je ne dois pas être paresseuse, je dois aller
and gather honey."
amasser du miel. »

---

## Leçon 13.

Then the idle boy met a dog; and he
Alors le paresseux garçon rencontra un chien; et il
said, "Dog, will you play with me?" But the dog
dit: « Chien, voulez-vous jouer avec moi? » Mais le chien
said, "No, I must not be idle, I am going
dit: « Non, je ne dois pas être paresseux, je vais
to watch my master's house. I must make
veiller de mon maître la maison. Je dois me
haste, for fear bad men get in." Then
hâter, de peur (que) de méchantes gens (n')entrent dedans. » Alors
the little boy went to a hay-rick, and he saw
le petit garçon alla à une meule de foin, et il vit

a bird pulling some hay out of the hay-rick;
un oiseau tirant un peu de foin hors de la meule,
and he said, "Bird, will you come and play with
et il dit : « Oiseau, voulez-vous venir jouer avec
me?" But the bird said, "No, I must not be
moi? » Mais l' oiseau dit : « Non, je ne dois pas être
idle, I must get some hay to build my nest
paresseux, je dois ramasser du foin pour bâtir mon nid
with, and some moss and some wool." So the
avec, et de la mousse et de la laine. » Puis l'
bird flew away.
oiseau s'envola.

---

## Leçon 14.

Then the idle boy saw a horse and he said,
Alors le paresseux garçon vit un cheval et il dit :
"Horse, will you play with me?" But the horse said,
« Cheval, voulez-vous jouer avec moi? » Mais le cheval dit :
"No, I must not be idle; I must go and
« Non, je ne dois pas être paresseux ; je dois aller
plough, or else there will be no corn to
labourer, ou autrement il n'y aura pas de blé pour
make bread of." Then the little boy thought
faire du pain avec. » Alors le petit garçon pensa
to himself, what, is nobody idle? Then little
en lui-même : quoi! personne (n')est paresseux? Alors (les) petits
boys must not be idle either. So he
garçons ne doivent pas être paresseux non plus. Ainsi il
made haste, and went to school, and learned his
se hâta, et alla à (l')école, et apprit sa

lesson very well, and the master said he was a
leçon très bien, et le maître dit (qu')il était un
very good boy.
très bon garçon.

---

## Leçon 15

Thomas, what a clever thing it is to read! a
Thomas, quelle jolie chose c'est (que) de lire! un
little while ago you could
peu (de) temps passé (il y a peu de temps), vous pouviez
only read little words; and you were forced
seulement lire de petits mots; et vous étiez forcé
to spell them c-a-t, cat; d-o-g, dog. Now you
d'épeler eux c-h-a-t, chat; c-h-i-e-n, chien. Maintenant vous
can read pretty stories, and I am going to tell
pouvez lire (de) jolies histoires, et je vais (en) dire
you some.
(à) vous quelques-unes.

I will tell you a story about a lamb. —
Je conterai (à) vous une histoire concernant un agneau. —
There was a kind shepherd, who had a great
Il y avait un bon berger, qui avait beaucoup
many sheep and lambs. He took a great deal
de moutons et (d')agneaux. Il prenait beaucoup
of care of them, and gave them sweet fresh
de soin d' eux, et donnait (à) eux (de la) bonne fraîche
grass to eat, and clear water to drink; and
herbe à manger, et (de la) claire eau à boire; et
if they were sick, he was very good to them;
s' ils étaient malades, il était très bon pour eux;
and when they climbed up a steep hill, and
et quand ils gravissaient une roide colline, et (que)

the lambs were tired, he used to carry
les agneaux étaient fatigués, il avait l'habitude (de) porter
them in his arms; and when they were all
eux dans ses bras; et quand ils étaient tous
eating their suppers in the field, he used
mangeant leur souper dans le champ, il avait l'habitude
to sit upon a stile, and play them a tune,
(de) s'asseoir sur un tertre, et (de) jouer (à) eux un air,
and sing to them; and so they were happy
et (de) chanter à eux; et ainsi c' étaient (d') heureux
sheep and lambs. And every night this shepherd
moutons et agneaux. Et chaque nuit ce berger
used to pen them in a fold to keep
avait coutume (de) renfermer eux dans un parc pour garder
them in safety from the greedy wolf.
eux en sûreté de l' affamé loup.

---

## Leçon 16.

Now they were all very happy, as I told
Or ils étaient tous très heureux, comme je (l') ai dit
you, and loved the shepherd dearly, that was so
(à) vous, et aimaient le berger tendrement, qui était si
good to them, all except one foolish little
bon pour eux, tous excepté un seul sot petit
lamb. And this foolish lamb did not like to be
agneau. Et ce sot agneau n'aimait pas être
shut up at night in the fold; and she came to her
enfermé le soir dans le parc; et il vint à sa
mother, who was a wise old sheep, and said to
mère, qui était une sage vieille brebis, et dit à
her, "I wonder why we are shut up so all
elle : « Je m'étonne que nous soyons renfermés ainsi tout

night! the dogs are not shut up, and why
(la) nuit! les chiens ne sont pas renfermés, et pourquoi
should we be shut up? I think it is very
serions-nous renfermés? Je trouve (que) cela est très
hard, and I will get away if I can, that I will,
dur, et je (m') échapperai si je puis, cela je (le) veux,
for I like to run about where I please, and I
car j' aime à courir çà et là où il me plaît, et je
think it is very pleasant in the woods by
pense (qu') il est très agréable (d'être) dans les bois au
moonlight." Then the old sheep said to her, "You
clair de lune. » Alors la vieille brebis dit à lui : « Vous
are very silly, you little lamb, you had better
êtes bien sot, petit agneau, vous feriez mieux (de)
stay in the fold. The shepherd is so good to
rester dans le parc. Le berger est si bon pour
us, that we should always do as he bids
nous, que nous devrions toujours faire comme il ordonne
us; and if you wander about by yourself, I dare
nous; et si vous errez çà et là tout seul, j' ose
say you will come to some harm."
dire (que) vous arriverez à quelque malheur (il vous arri-
"I dare say not," said the little
vera malheur). » « J' ose dire (que) non, » dit le petit
lamb.
agneau.

---

### Leçon 17.

And so when the night came, and the
Et ainsi quand la nuit vint, et (que) le
shepherd called them all to come into the fold,
berger appela eux tous à venir dans le parc

she would not come, but hid herself; and when
il ne voulut pas venir, mais cacha lui; et quand
the rest of the lambs were all in the fold, and
le reste des agneaux furent tous dans le parc, et
fast asleep, she came out, and jumped, and
profondément endormis, il sortit, et sauta, et
frisked, and danced about; and she got out
gambada, et dansa de tous côtés; et il sortit
of the field, and got into a forest full of trees,
du champ, et arriva dans une forêt pleine d' arbres,
and a very fierce wolf came rushing out of a cave,
et un très féroce loup s'élança hors d' une caverne,
and howled very loud. Then the silly lamb wished
et hurla très haut. Alors le sot agneau désira
she had been shut up in the
(qu') il eût été (aurait bien voulu être) enfermé dans le
fold; but the fold was a great way off: and the
parc; mais le parc était bien loin: et le
wolf saw her, and seized her, and carried her away
loup vit lui, et saisit lui, et emporta lui
to a dismal dark den, spread all over with bones
à une horrible noire caverne, couverte entièrement d' os
and blood; and there the wolf had two cubs,
et (de) sang; et là le loup avait deux louveteaux,
and the wolf said to them, "Here I have brought
et le loup dit à eux: « Ici j' ai apporté
you a young fat lamb;" and so the cubs
(à) vous un jeune gras agneau; » et alors les louveteaux
took her and growled over her a little while, and
prirent lui et grognèrent sur lui un peu de temps, et
then tore her to pieces and ate her up.
puis déchirèrent lui en pièces et mangèrent lui.

---

### Leçon 18.

There was once a little boy, who was a sad
Il y avait une fois un petit garçon, qui était un triste
coward. He was afraid of almost any thing. He
poltron. Il était effrayé de presque tout. Il
was afraid of the two little kids, Nanny and
avait peur des deux petits chevreaux, Nanny et
Billy, when they came and put their noses
Billy, quand ils venaient et passaient leur nez
through the pales of the court; and he would
à travers les palissades de la cour; et il n'aurait
not pull Billy by the beard. What a silly little
pas tiré Billy par la barbe. Quel sot petit
boy he was! Pray what was his name? Nay,
garçon c' était! Je vous prie quel était son nom? Non,
indeed I shall not tell you his name, for you
vraiment je ne vous dirai pas son nom, car vous
would make game of him. Well, he was very much
vous moqueriez de lui. Donc, il était très
afraid of dogs too; he always cried if a dog
effrayé des chiens aussi; il toujours pleurait si un chien
barked, and ran away, and took hold of his
aboyait, et se sauvait, et tenait étroitement de sa
mamma's apron like a baby. What a
maman le tablier comme un tout petit enfant. Quel
foolish fellow he was!
sot petit garçon c' était!

### Leçon 19.

Well, this simple boy was walking by
Or, ce sot petit garçon se promenait tout

himself one day, and a pretty black dog came out
seul un jour, et un joli noir chien sortit
of a house and said, Bow-wow, bow-wow; and
d' une maison et dit : Baou-ouaou, baou-ouaou; et
came to the little boy, and jumped upon him, and
vint au petit garçon, et sauta après lui, et
wanted to play with him; but the little boy ran
voulait jouer avec lui; mais le petit garçon se
away. The dog ran after him, and cried louder
sauva. Le chien courut après lui, et cria plus fort
bow, wow, wow; but he only meant to say,
baou, ouaou, ouaou; mais il seulement voulait dire,
Good morning, how do you do? but this little
Bonjour, comment vous portez-vous? mais ce petit
boy was sadly afraid and ran away as fast
garçon était horriblement effrayé et se sauvait aussi vite
as he could, without looking before him; and he
qu' il pouvait, sans regarder devant lui; et il
tumbled into a very dirty ditch, and there he
tomba dans un très boueux fossé, et là il
lay crying at the bottom of the ditch, for he
resta pleurant au fond du fossé, car il
could not get out: and I believe he would have
ne pouvait en sortir: et je crois (qu')il serait
lain there all day, but the dog was so good
resté là tout (le) jour, si ce n'est que le chien était si bon
that he went to the house where the little boy
qu' il alla à la maison où le petit garçon
lived, on purpose to tell them where he was.
demeurait, à dessein de dire (à) eux où il était.
So, when he came to the house, he scratched at
Ainsi, quand il arriva à la maison, il gratta à
the door, and said, Bow-wow, for he could not
la porte, et dit: Baou-ouaou, car il ne pouvait pas

speak any plainer. So they came to the door and
parler plus clairement. Alors on vint à la porte et
said, What do you want, you black dog? we
(on) dit : Que voulez-vous, noir chien? nous
do not know you. Then the dog went to
ne connaissons pas vous. Alors le chien alla à
Ralph the servant, and pulled him by the coat,
Ralph le domestique, et tira lui par l' habit,
till he brought him to the ditch, and the dog
jusqu'à ce qu'il amenât lui au fossé, et le chien
and Ralph between them got the little boy
et Ralph entre eux (à eux deux) tirèrent le petit garçon
out of the ditch; but he was all over mud, and
hors du fossé; mais il était tout couvert de boue, et
quite wet, and all the folks laughed at him
tout mouillé, et tous les gens rirent de lui
because he was a coward.
parce qu' il était un poltron.

---

## Leçon 20.

One day, in the month of june, Thomas had
Un jour, dans le mois de juin, Thomas avait
got all his things ready to set out on a little
tenu toutes ses affaires prêtes pour partir pour une petite
jaunt of pleasure with a few of his friends, but
partie de plaisir avec quelques-uns de ses amis, mais
the sky became black with thick clouds, and on
le ciel devint noir d' épais nuages, et par
that account he was forced to wait some time in
cette raison il fut forcé de rester quelque temps en
suspense. Being at last stopped by a heavy
suspens. Étant enfin arrêté par une grosse

shower of rain, he was so vexed that he could not
averse, il fut si contrarié qu' il ne put
refrain from tears; and sitting down in a sulky
s'empêcher de pleurer; et s'asseyant de mauvaise
humour, would not suffer any one to comfort him.
humeur, ne voulait pas laisser personne consoler lui.

Towards night the clouds began to vanish;
Vers (le) soir les nuages commencèrent à se dissiper;
the sun shone with great brightness, and
le soleil brilla d' (un) grand éclat, et
the whole face of nature seemed to be changed.
toute la face de (la) nature semblait être changée.
Robert then took Thomas with him into the fields,
Robert alors mena Thomas avec lui dans les champs,
and the freshness of the air, the music of the birds,
et la fraîcheur de l' air, la musique des oiseaux
and the greenness of the grass filled him with
et la verdure de l' herbe remplissaient lui de
pleasure. "Do you see," said Robert, "what a
plaisir. « Voyez-vous, » disait Robert, « quel
change has taken place? Last night
changement a pris place (est survenu)? Hier soir
the ground was parched, the flowers and all the
la terre était brûlée, les fleurs et toutes
things seemed to droop. To what cause must we
choses paraissaient se flétrir. A quelle cause devons-nous
impute this happy change?" Struck with the
imputer cet heureux changement? » Frappé de la
folly of his own conduct in the morning, Thomas
folie de sa conduite du matin, Thomas
was forced to admit that the useful rain which
fut forcé d'admettre que l' utile pluie qui
fell that morning had done all this good.
était tombée ce matin avait fait tout ce bien.

## Leçon 21.

Gold is of a deep yellow colour It is very
(L') or est d' une foncée jaune couleur. Il est très
pretty and bright. It is a great deal heavier than
joli et brillant. Il est beaucoup plus pesant que
any thing else. Men dig it out of the
quelque chose que ce soit. (Les) hommes tirent lui hors de la
ground. Shall I take my spade and get
terre. Prendrai-je ma bêche et (en) tirerai-je
some? No, there is none in this country. It
un peu? Non, il n'y (en) a pas dans ce pays. Il
comes from a great way off, and it lies
vient de très loin d'ici, et il est placé
deeper than you could dig with your
plus profondément que vous (ne) pourriez creuser avec votre
spade.
bêche.

Sovereigns are made of gold; and so are
Les souverains sont faits d' or; et ainsi sont
half sovereigns, and watches sometimes.
(les) demi- souverains, et (les) montres quelquefois.
Looking-glasses frames, and the picture frames
De glaces (les) cadres, et les de tableau cadres,
are gilt with gold. Leaf gold is gold beaten
sont dorés avec (de l') or. L'or en feuilles est de l'or battu
very thin, with a hammer, thinner than leaves
très mince, avec un marteau, plus mince que (des) feuilles
of paper.
de papier.

Leçon 22.

Silver is white and shining. Spoons are made
(L')argent est blanc et brillant. (Les) cuillers sont faites
of silver, and waiters and crowns, and half-
d' argent, et (les) plateaux, et (les) couronnes, et (les) demi-
crowns, and shillings, and six-pences. Silver
couronnes, et (les) schellings, et (les) demi-schellings. (L')argent
comes from a great way off, from Peru and
vient de très loin d'ici, du Pérou et
Mexico.
(du) Mexique.

Copper is red. The kettles and pots are
(Le) cuivre est rouge. Les chaudrons et (les) marmites sont
made of copper; and brass is made of copper.
faits de cuivre; et (le) cuivre jaune est fait de cuivre.
Brass is bright and yellow almost like gold.
(Le) cuivre jaune est brillant et jaune presque comme (l')or.
The sauce-pans are made of brass; and the
Les casseroles sont faites de cuivre jaune; et les
locks upon the door, and the candle-sticks. What
serrures sur la porte, et les chandeliers. Quel
is that green upon the sauce-pan? It is rusty; the
est ce vert sur la casserole? Elle est rouillée; la
rust is called ver-di-gris; it would kill you if
rouille est appelée vert-de-gris; cela tuerait vous si
you were to eat it.
vous étiez pour manger lui.

---

Leçon 23.

Iron is very hard. It is not pretty; but I do
(Le) fer est très dur. Il n'est pas beau; mais je ne

not know what we should do without it; for it
sais pas ce que nous ferions sans lui, car il
makes us a great many things. The tongs, and
fait (à) nous beaucoup de choses. Les pincettes, et
the poker, and shovel, are made of iron. Go and
le tisonnier, et (la) pelle, sont faits de fer. Allez et
ask Dobbin if he can plough without the
demandez (à) Dobbin s' il peut labourer sans le
plough-share. Well, what does he say? He says
soc de charrue. Eh bien, que dit-il? Il dit
no, he cannot. But the plough-share is
(que) non, il ne (le) peut pas. Mais le soc de charrue est
made of iron. Will iron melt in the fire? Put
fait de fer. Le fer fondra-t-il dans le feu? Mettez
the poker in and try. Well, is it melted? no,
le tisonnier dedans et essayez. Eh bien, est-il fondu? non,
but it is red-hot and soft; it will bend. But I will
mais il est tout rouge et mou; il pliera. Mais je
tell you, Charles; iron will melt in a very
dirai (à) vous, Charles; (le) fer fondra dans un très
very hot fire, when it has been in a great while;
très chaud feu, quand il a été dedans un long temps;
then it will melt.
alors il fondra.

Come, let us go to the smith's shop. What
Venez, allons à la du serrurier boutique. Que
is he doing? He has a forge: he blows the fire with
fait-il? Il a une forge: il souffle le feu avec
a great pair of bellows to make the iron hot.
un grand soufflet pour rendre le fer chaud.
Now it is hot, now he takes it out with
Maintenant il est chaud, maintenant il retire lui avec
the tongs, and puts it upon the anvil; now he
les tenailles, et met lui sur l' enclume; maintenant il

beats it with a hammer. How hard he works!
bat lui avec un marteau. Combien dur il travaille!
The sparks fly about: pretty bright sparks!
Les étincelles volent çà et là; (de) jolies brillantes étincelles!
What is the blacksmith making? He
Quoi est le forgeron faisant (que fait le forgeron)? il
is making nails, and horse-shoes and a
fait (des) clous, et (des) fers pour les chevaux, et
great many things.
beaucoup (de) choses.

---

## Leçon 24.

Steel is made of iron. Steel is very bright and
(L')acier est fait de fer. (L')acier est tres brillant et
hard. Knives and scissors are made of steel.
dur. (Les) couteaux et (les) ciseaux sont faits d' acier.
Lead is soft and very heavy. Here is a piece:
(Le) plomb est mou et très pesant. (En) voici un morceau,
lift it. There is lead in the casement; and the
levez-le. Il y a (du) plomb dans la fenêtre; et la
spout is lead, and the cistern is lead,
gouttière est (de) plomb, et la citerne est (de) plomb,
and bullets are made of lead. Will lead melt
et (les) balles sont faites de plomb. (Le) plomb fondra-t-il
in the fire? Try: throw a piece in. Now
dans le feu? Essayez: jetez un morceau dedans. Maintenant
it is all melted, and runs down among the ashes
il est tout fondu, et coule au milieu des cendres
below the grate. What a pretty bright colour it
sous la grille. De quelle jolie brillante couleur il
is of now!
est maintenant!

Tin is white and soft. It is bright too. The
(L') étain est blanc et mou. Il est brillant aussi. La
dripping-pan and reflector are all covered
léchefrite et (le) réflecteur sont tout couverts
with tin.
d' étain.

Quick-silver is very bright, like silver;
(Le) vif-argent est très brillant, comme (l') argent;
and it is very heavy. See how it runs about!
et il est très pesant. Voyez comme il court çà et là!
You cannot catch it, you cannot pick it up.
Vous ne pouvez saisir lui, vous ne pouvez le ramasser.
There is quick-silver in the weather-glass.
Il y a (du) vif-argent dans le baromètre.

Gold, silver, copper, iron, land, tin, quick-silver;
Or, argent, cuivre, fer, plomb, étain, vif-argent;
one, two, three, four, five, six, seven metals. They
un, deux, trois, quatre, cinq, six, sept métaux. Ils
are all dug out of the ground.
sont tous tirés de la terre.

---

## Leçon 25.

There was a little boy whose name was Harry,
Il y avait un petit garçon dont (le) nom était Henry,
and his papa and mamma sent him to school.
et son papa et (sa) maman envoyèrent lui à (l') école.
Now Harry was a clever fellow and loved his book,
Or Henry était un habile garçon et aimait son livre,
and he got to be first in his class. So his
et il parvint à être (le) premier dans sa classe. Aussi sa
mamma got up one morning very early and
maman se leva un matin de très bonne heure et

said, Betty, I think we must make a cake
dit : Betty, je pense (que) nous devons faire un gâteau
for Harry, for he has learned his book very well.
pour Henry, car il a appris son livre très bien.
And Betty said, Yes, with all my heart. So they
Et Betty dit : Oui, de tout mon cœur. Ainsi elles
made him a nice cake. It was very large, and
firent (pour) lui un bon gâteau. Il était très grand, et
stuffed full of plums and sweetmeats,
rempli entièrement de prunes et (de) confitures,
orange and citron; and it was iced all over
(d') orange et (de) citron; et il était glacé tout dessus
with sugar; it was white and smooth on the
avec (du) sucre; il était blanc et uni sur le
top like snow. So this cake was sent to
dessus comme (de la) neige. Ainsi ce gâteau fut envoyé à
school. When little Henry saw it he was
(l') école. Quand (le) petit Henry vit lui il fut
very glad, and jumped about for joy, and he
très content, et sauta de joie, et il
hardly staid for a knife to cut a piece, but
n'attendit pas un couteau pour (en) couper un morceau, mais
gnawed it with his teeth. So he eat till the
mordit lui avec ses dents. Ainsi il mangea jusqu'à ce que la
bell rang for school, and after school he eat
cloche sonnât pour (la) classe, et après (la) classe il mangea
again, and eat till he went to bed;
de nouveau, et mangea jusqu'à ce qu' il allât se coucher;
nay, he laid his cake under his pillow, and sat
même, il mit son gâteau sous son oreiller, et se
up in the night to eat some.
leva dans la nuit pour en manger.

He ate till it was all gone. — But soon
Il mangea jusqu'à ce qu' il fût tout fini. — Mais bientôt

after, this little boy was very sick, and every
après, ce petit garçon eut grand mal au cœur, et cha-
body said, I wonder what is the matter with
cun disait : Je ne sais ce qu'a
Harry : he used to be brisk, and play about
Henry : il avait coutume (d') être gai, et (de) jouer
more nimbly than any of the boys; and now
plus lestement qu' aucun des enfants; et maintenant
he looks pale and is very ill. And somebody
il paraît pâle et est très malade. Et quelqu'un
said, Harry has had a rich cake, and eaten it all
dit : Henry a eu un beau gâteau, et (a) mangé lui tout
up very soon, and that has made him ill.
entier bien vite, et cela a rendu lui malade.
So they sent for doctor Rhubarb, and he
Donc on envoya chercher (le) docteur Rhubarbe, et il
gave him I do not know how much bitter
donna (à) lui je ne sais combien (d') amère
physic. Poor Harry did not like it at all,
médecine. (Le) pauvre Henry n'aimait pas cela du tout,
but he was forced to take it, or else he
mais il fut forcé de le prendre, ou autrement il
would have died, you know. So at last he
serait mort, savez-vous? Pourtant enfin il
got well again, but his mamma said she would
se rétablit, mais sa maman dit (qu') elle (n') en-
send him no more rich cakes.
verrait (à) lui plus (de) beaux gâteaux.

---

Leçon 26.

Now there was another, who was one
Or il y avait un autre (petit garçon), qui était un

of Harry's school-fellows; his name was Peter;
des de Henry camarades d'école; son nom était Pierre;
the boys used to call him Peter careful.
les enfants avaient coutume d' appeler lui Pierre (le) soigneux.
And Peter had written his mamma a very clean
Et Pierre avait écrit (à) sa maman une très propre (et)
pretty letter; there was not one blot in it all.
jolie lettre; il n'y avait pas un seul pâté.
So his mamma sent him a cake. Now Peter
Aussi sa maman envoya (à) lui un gâteau. Alors Pierre
thought with himself, I will not make me sick
pensa en lui-même: Je ne veux pas rendre moi malade
with this good cake, as silly Harry did;
avec ce bon gâteau, comme (ce) benêt (d') Henry (l') a fait;
I will keep it a great while. So he took the
je ferai durer lui longtemps. Donc il prit le
cake, and tugged it up stairs. It was very
gâteau, et le porta avec peine en haut. Il était très
heavy; he could hardly carry it. And he
lourd; il pouvait avec peine porter lui. Et il
locked it up in his box, and once a day he
l'enferma dans sa cassette, et une fois par jour il
crept slily up stairs and ate a very little
se glissait adroitement en haut et mangeait un très petit
piece, and then locked his box again. So he
morceau, et puis refermait sa cassette. Ainsi il
kept it several weeks and it was not gone, for
le garda plusieurs semaines et il n'était pas fini, car
it was very large; but behold! the mice got
il était très grand; mais voilà (que) les souris se glissèrent
into the box and nibbled some. And the
dans la cassette et (en) grignotèrent un peu. Et le
cake grew dry and mouldy, and at last was good
gâteau devint sec et moisi, et enfin fut bon

for nothing at all, so he was
pour rien du tout (ne valut rien du tout), si bien qu' il fut
obliged to throw it away, and it grieved him
obligé de le jeter, et cela affligea lui
to the very heart.
jusqu' au fond du cœur (ce fut pour lui un grand crève-cœur).

---

## Leçon 27.

Well, there was another little boy at the same
Or donc, il y avait un autre petit garçon à la même
school, whose name was Richard. And one day
école, dont le nom était Richard. Et un jour
his mamma sent him a cake, because she loved
sa maman envoya (à) lui un gâteau, parce qu' elle aimait
him dearly, and he loved her dearly. So when
lui beaucoup, et (que) il aimait elle beaucoup. Donc quand
the cake came, Richard said to his school-fellows,
le gâteau arriva, Richard dit à ses camarades:
"I have got a cake, come let us go and eat it." So
« J'ai un gâteau, venez que nous le mangions. » Alors
they came about him like a parcel of bees; and
ils s'assemblèrent autour de lui comme un essaim d' abeilles; et
Richard took a slice of cake himself, and then
Richard prit une tranche de gâteau (pour) lui, et puis
gave a piece to one, and a piece to another, and
donna un morceau à un, et un morceau à un autre, et
a piece to another, till it was almost gone.
un morceau à un autre, jusqu'à ce qu'il fût presque fini.
Then Richard put the rest by, and said, "I will
Alors Richard mit le reste de côté, et dit: « Je le
eat it to-morrow."
mangerai demain. »

He then went to play, and the boys all played
Il alors alla jouer, et tous les enfants jouèrent
together merrily. But soon after an old blind
ensemble gaiement. Mais bientôt après un vieil aveugle
fiddler came into the court; he had a long
joueur de violon vint dans la cour; il avait une longue
white beard; and because he was blind, he had a
blanche barbe; et parce qu' il était aveugle, il avait un
little dog in a string to lead him. So he came
petit chien en lesse pour conduire lui. Ainsi il vint
into the court, and sat down upon a stone, and
dans la cour, et s'assit sur une pierre, et
said, "My pretty lads, if you will, I will play you
dit: « Mes jolis petits garçons, si vous voulez, je vous jouerai
a tune." And they all left off their sport, and
un air. » Et tous laissèrent là leur jeu, et
came and stood round him.
vinrent et se tinrent autour (de) lui.

And Richard saw that while he played the tears
Et Richard vit que pendant qu'il jouait les pleurs
ran down his cheeks. And Richard said,
coulaient le long de ses joues. Et Richard dit:
"Old man, why do you cry?" And the old man said,
« Vieillard, pourquoi pleurez-vous? » Et le vieillard dit:
"Because I am very hungry: I have
« Parce que je suis bien affamé (j'ai bien faim): je (n') ai
nobody to give me any dinner or supper: I have
personne pour me donner un dîner ou (un) souper: je (n') ai
nothing in the world but this little dog; and I
rien au monde que ce petit chien; et je
cannot work. If I could work I would." Then
ne puis pas travailler. Si je pouvais travailler je le ferais. » Alors
Richard went, without saying a word, and fetched
Richard alla, sans dire un mot, et chercha

the rest of his cake, which he had intended to
le reste de son gâteau, qu' il avait résolu de
have eaten another day, and he said, "Here,
manger un autre jour, et il dit: «Tenez,
old man, here is some cake for you."
vieillard, voilà du gâteau pour vous. »

The old man said, "Where is it? for I am blind,
Le vieillard dit: « Où est-il? car je suis aveugle,
I cannot see it." So Richard put it into his
je ne puis pas le voir. » Alors Richard mit lui dans son
hat; and the fiddler thanked him, and
chapeau; et le joueur de violon remercia lui, et
Richard was more glad than if he had eaten ten
Richard fut plus content que s' il avait mangé dix
cakes.
gateaux.

Pray which do you love best? Do you love
Je vous prie lequel aimez-vous le mieux? Aimez-vous
Harry best, or Peter best, or Richard best?
Henry le mieux, ou Pierre, ou Richard?

---

## Leçon 28.

The noblest employment of the mind of man
Le plus noble emploi de l' esprit de (l') homme
is to study the works of his Creator. To him
est d'étudier les ouvrages de son Créateur. Pour celui
whom the science of nature delighteth, every
que la science de (la) nature enchante, chaque
object bringeth a proof of his God. His mind
objet apporte une preuve de son Dieu. Son esprit
is lifted up to heaven every moment, and his life
est élevé au ciel (à) chaque moment, et sa vie

shews what idea he entertains of eternal wisdom.
montre quelle idée il conçoit de (l') éternelle sagesse.
If he cast his eyes towards the clouds, will
S' il jette ses (les) yeux vers les nuages, ne
he not find the heavens full of its wonders? If he
trouvera-t-il pas les cieux pleins de ses merveilles? S' il
look down on the earth, doth not the worm
regarde en bas sur la terre, le ver ne lui
proclaim to him, "Less than infinite power could
dira-t-il pas: « Moins qu' (un) infini pouvoir ne
not have formed me?"
pourrait avoir formé moi? »

While the planets pursue their courses; while
Tandis que les planètes poursuivent leur cours; tandis qu
the sun remaineth in his place; while the comet
le soleil reste à sa place; tandis que la comète
wandereth through space, and returneth to its
erre à travers (l') espace, et revient à sa
destined spot who but
destinée place (à la place qui lui est destinée); qui si ce n'es
God could have formed them? Behold how
Dieu pourrait avoir formé eux? Voyez combien
awful their splendour! yet they do not diminish;
imposante (est) leur splendeur! pourtant ils ne diminuent pas;
lo how rapid their motion! yet one runneth
voyez combien rapide (est) leur mouvement! pourtant l'un ne court
not in the way of another. Look down upon the
pas dans la route d' un autre. Regardez sur la
earth, and see its produces; examine its bowels,
terre, et voyez ses productions; examinez ses entrailles,
and behold what they contain: have not wisdom
et voyez ce qu' elles contiennent: n'ont-elles pas la sagesse
and power ordained the whole? who biddeth
et la puissance ordonné le tout? qui ordonne (à)

the grass to spring up? who watereth it at
l' herbe de pousser? qui arrose elle dans (les)
due seasons? Behold the ox croppeth it; the
propices saisons? Voyez le bœuf (qui) broute elle; le
horse and the sheep, do they not feed upon it?
cheval et le mouton, ne s'en nourrissent-ils pas?
Who is he who provideth for them, but the
Quel est celui qui prend soin d' eux, si ce n'est le
Lord?
Seigneur?

# FABLES CHOISIES.

## SELECT FABLES.

---

### THE FOX AND THE GRAPES.

#### LE RENARD ET LES RAISINS.

A Fox, parched with thirst, perceived some grapes hanging from a lofty vine. As they looked ripe and tempting, Reynard was very desirous to refresh himself with their

Un renard, mourant de soif, aperçut des raisins suspendus à une vigne élevée. Comme ils paraissaient mûrs et tentants, maître renard désirait fort se rafraîchir avec leur jus

delicious juice; but after trying again and again to reach them, and leaping till he was tired, he found it impracticable to jump so high, and in consequence gave up the attempt. "Pshaw! said he, eyeing them as he retired, with affected indifference, I might easily have accomplished this business if I had been so disposed; but I cannot help thinking that the grapes are sour, and therefore not worth the trouble of plucking."

délicieux ; mais, après avoir essayé mainte et mainte fois de les atteindre, et avoir sauté jusqu'à ce qu'il fût fatigué, il trouva qu'il ne lui était pas possible de grimper si haut, et en conséquence abandonna l'entreprise. « Bah ! dit-il en les regardant, tout en se retirant, avec une indifférence affectée, j'aurais pu facilement en venir à bout, si je l'avais bien voulu ; mais je ne puis m'empêcher de penser que ces raisins sont verts, et en conséquence, qu'ils ne valent pas la peine d'être cueillis. »

# THE DOG AND THE SHADOW.

## LE CHIEN ET L'OMBRE.

A Dog crossing a river on a plank, with a piece of flesh in his mouth, saw its reflection in the stream, and fancied he had discovered another and a richer booty. Accordingly, dropping the meat into the water, which was instantly hurried away by the current, he snatched at the shadow; but how great was his vexation,

Un chien traversant une rivière sur une planche, avec un morceau de chair dans sa gueule, vit son reflet dans l'eau, et s'imagina qu'il avait découvert un autre et plus riche butin. En conséquence, laissant tomber dans l'eau sa proie, qui fut à l'instant emportée par le courant, il s'élança sur cette image; mais quel fut son chagrin de voir

to find that it had disappeared! "Unhappy creature that I am! cried he: in grasping at a shadow, I have lost the substance."

qu'elle avait disparu! «Malheureux que je suis! s'écria-t-il, pour saisir l'ombre j'ai perdu la réalité.»

# THE SHEPHERD-BOY AND THE WOLF.

## LE PATRE ET LE LOUP.

A Shepherd-Boy, for want of better employment used to amuse himself by raising a false alarm, and crying "The wolf! the wolf!" and when his neighbours, believing he was in earnest, ran to his assistance, instead of thanking them for their kindness, he laughed at them.

This trick he repeated a great number of times;

Un petit pâtre, faute de meilleure occupation, avait coutume de s'amuser à exciter une fausse alarme et de crier « au loup! au loup! » et quand ses voisins, croyant qu'il était en danger, couraient à son secours, au lieu de les remercier de leur bonté, il se moquait d'eux.

Il répéta ce tour nombre de fois; mais, à la fin, le

but at length the wolf came in reality, and began tearing and mangling his sheep. The boy now cried and bellowed with all his might for help; but the neighbours, taught by experience, and supposing him still in jest, paid no regard to him. Thus the wolf had time and opportunity to worry the whole flock.

loup vint réellement et commença à déchirer et à dévorer ses moutons. Alors le garçon pleura et cria au secours de toutes ses forces; mais les voisins, instruits par l'expérience, et croyant qu'il plaisantait encore, ne firent pas attention à lui. Ainsi, le loup eut tout le temps de détruire le troupeau entier.

# THE DOG IN THE MANGER.

## LE CHIEN DANS L'ÉTABLE.

A surly Dog having made his bed on some hay in a manger, an Ox, pressed by hunger, came up, and wished to satisfy his appetite with a little of the provender; but the Dog, snarling, and putting himself in a threatening posture, prevented his touching it, or even approaching the spot where he lay.

Un chien hargneux ayant fait son lit sur du foin dans une étable, un bœuf, pressé par la faim, entra et voulut satisfaire son appétit avec un peu de fourrage; mais le chien, grondant et se mettant en posture de défense, l'empêcha d'y toucher ou même de s'approcher de la place où il était couché.

“ Envious animal, exclaimed the Ox, how ridiculous is your behaviour! You cannot eat the hay yourself; and yet you will not allow me, to whom it is so desirable, to taste it.”

« Envieux animal, s’écria le bœuf, que ta conduite est ridicule! tu ne peux manger le foin toi-même, et tu ne veux pas me laisser y toucher, moi à qui il est si utile. »

# THE KID AND THE WOLF

## LE CHEVREAU ET LE LOUP.

A She-Goat shut up her Kid in safety at home, while she went to feed in the fields, and advised her to keep close. A Wolf watching their motions, as soon as the dam was gone, hastened to the house, and knocked at the door. "Child, said he, counterfeiting the voice of the Goat, I forgot to embrace you; open the door, I beseech you, that I may give you this token of my

Une chèvre enferma son chevreau en sûreté à la maison, pendant qu'elle allait brouter dans les champs, et lui recommanda de tenir la porte bien fermée. Un loup qui était aux aguets, aussitôt que la mère fut partie, accourut à la maison et frappa à la porte. « Mon enfant, dit-il en contrefaisant la voix de la chèvre, j'ai oublié de t'embrasser; ouvre la porte, je t'en prie,

affection." "No! no! replied the Kid (who had taken a survey of the deceiver through the window), I cannot possibly give you admission; for though you feign very well the voice of my dam, I perceive in every other respect that you are a Wolf."

que je puisse te donner cette marque d'affection. — Non, non, reprit le chevreau (qui avait aperçu le trompeur à travers la fenêtre), je ne puis pas te laisser entrer; car, tu as beau contrefaire très-bien la voix de ma mère, je vois bien d'ailleurs que tu es un loup. »

# THE WOLF AND THE LAMB.

## LE LOUP ET L'AGNEAU.

A Wolf and a Lamb by chance came to the same stream to quench their thirst. The water flowed from the former towards the latter, who stood at an humble distance; but no sooner did the Wolf perceive the Lamb, than, seeking a pretext for his destruction, he ran down to him, and accused him of disturbing the water which he was drinking. "How can I disturb it? said the Lamb, in a great fright:

Un loup et un agneau vinrent par hasard à un même ruisseau pour étancher leur soif. L'eau coulait du premier vers le dernier, qui se tenait à une humble distance; mais le loup n'aperçut pas plutôt l'agneau que, cherchant un prétexte pour le tuer, il courut à lui, et l'accusa de troubler l'eau qu'il buvait. « Comment puis-je la troubler? dit l'agneau tout tremblant, l'eau coule de vous à moi;

the stream flows from you to me; and I assure you, that I did not mean to give you any offence." "That may be, replied the Wolf; but it was only yesterday that I saw your sire encouraging the hounds that were pursuing me." "Pardon me! answered the Lamb, my poor sire fell a victim to the butcher's knife upwards of a month since." "It was your dam, then," replied the savage beast. "My dam, said the innocent, died on the day I was born." "Dead or not, vociferated the Wolf, as he gnashed his teeth in rage, I know very well that all the breed of you hate me, and therefore I am determined to have my revenge." So saying, he sprung upon the defenceless Lamb, and worried and eat him.

et je vous assure que je n'ai voulu vous offenser en aucune façon. — Cela peut être, reprit le loup; mais pas plus tard qu'hier j'ai vu ton père encourager les chiens qui étaient à ma poursuite. — Pardonnez-moi, répondit l'agneau, mon pauvre père est tombé victime sous le couteau du boucher, il y a plus d'un mois. — C'était donc ta mère alors, reprit la bête féroce. — Ma mère, dit le pauvre innocent, est morte le jour où je suis né. — Morte ou non, cria le loup en grinçant les dents de rage, je sais très-bien que toute ta race me hait, il faut donc que je me venge.» En disant cela, il s'élança sur l'agneau sans défense, le mit en pièces et le dévora.

## PETITES LEÇONS D'HISTOIRE NATURELLE.

### LITTLE LESSONS ON NATURAL HISTORY.

---

Among living beings, man holds the first rank. Animals are divided into *quadrumans* as the apes; *quadrupeds*, as the horse; *winged animals* and *birds*; *insects* as the spider; *reptiles* as the serpents, and into *fishes*.

Parmi les êtres vivants, l'homme tient la première place. Les animaux se divisent en *quadrumanes*, comme les singes; en *quadrupèdes*, comme le cheval; en *volatiles* et *oiseaux*; en *insectes*, comme l'araignée; en *reptiles*, comme les serpents, et en *poissons*.

We call *viviparous* animals, those which issue entirely formed from their mother. The *oviparous* are those which proceed from an egg; the *amphibia* those which are equally able to live in the air, in the water, or upon the earth.

On appelle animaux *vivipares* ceux qui sortent tout formés du ventre de leur mère. Les *ovipares* sont ceux qui proviennent d'un œuf; les *amphibies*, ceux qui peuvent vivre également dans l'air et dans l'eau ou sur la terre.

We have thought it would give pleasure to our young readers to affix the following scale of the relative sizes of the differ-

Nous avons pensé faire plaisir à nos jeunes lecteurs en leur donnant ci-dessous une échelle de proportion de la grosseur

ent kinds of the animals which inhabit the globe, from the elephant down to the mouse.

relative des différentes espèces d'animaux qui habitent le globe, depuis l'éléphant jusqu'à la souris.

## THE HORSE.

### LE CHEVAL.

The horse is a noble creature, and very useful to man. A horse knows his own stable, he distinguishes his companions, remembers any place at which he has once stopped, and will find his way by a road which he has travelled. The rider governs his horse by signs, which he makes with the

Le cheval est un noble animal, et très-utile à l'homme. Un cheval connaît son écurie; il distingue ses compagnons, reconnaît toute place où il s'est arrêté une fois, et trouvera son chemin sur la route où il a déjà passé. Le cavalier gouverne son cheval à l'aide de signes qu'il fait avec le mors, le pied, le genou ou le fouet.

Le cheval, quand il est mort, est moins utile que ne le sont quelques autres

bit, his foot, his knee, or the whip.

The horse is less useful when dead than some other animals are. The skin is useful for collars, traces, and other parts of harness. The hair of the tail is used for bottoms of chairs, and floor-cloths. What a pity it is, that cruel men should ever ill use, overwork, and torture this useful beast!

animaux. La peau sert à faire des colliers, des traits et d'autres parties du harnais. Les crins de la queue servent à faire des fonds de chaise et des nattes. Quelle pitié, qu'on voie quelquefois des hommes cruels maltraiter, surcharger de travail et torturer cet utile animal!

# THE COW.

## LA VACHE.

Among all the animals which form a part of the horned cattle, the cow is the most useful. Oxen are often used to draw in ploughs or carts. Their flesh supplies us with food. Their blood is used as manure, as well as the dung; their fat is made into candles; their hides, into shoes and boots; their hair is mixed with lime to make mortar; their horns

Parmi tous les animaux qui font partie des bêtes à cornes, la vache est la plus utile. Les bœufs sont souvent utilisés pour tirer la charrue ou la charrette. Leur chair sert à notre nourriture. Leur sang sert d'engrais, aussi bien que le fumier. Avec leur graisse on fait des chandelles; avec leur peau, des souliers et des bottes; leur poil mêlé avec de la chaux sert à faire du mortier;

are made into curious things, as combs, boxes, handles for knives, drinking cups, and instead of glass for lanterns. Their bones are used to make little spoons, knives and forks for children, buttons, etc.

Cows give us milk, which is excellent diet; and of milk, we make cheese; of the cream we make butter. The young animal is a calf: vellum

and covers of books are made of the skin. The cow may be considered as more universally conducive to the comforts of mankind than any other animal.

leurs cornes s'emploient pour faire beaucoup de choses utiles, telles que des peignes, des boîtes, des manches de couteaux, des coupes, et on s'en sert pour remplacer le verre dans les lanternes. Avec leurs os on fait de petites cuillers, des couteaux et des fourchettes pour les enfants, des boutons, etc.

Les vaches nous donnent leur lait, qui est une excellente nourriture; du lait nous faisons du fromage; de la crème nous faisons du beurre. Quand il est jeune, cet animal s'appelle veau; sa peau sert à faire du vélin et des reliures de livres. La vache peut être considérée comme contribuant plus généralement qu'aucun autre animal au bien-être de l'espèce humaine.

# THE HOG.

## LE COCHON.

The hog has a divided hoof, like the animals called cattle; but the bones of his feet are really like those of a beast of prey; and a wild hog is a very savage animal. Swine have always been esteemed very untractable, stupid, and incapable of instruction; but it appears by the example of the *learned* pig, that even they may be taught.

Le cochon a le pied fourchu, comme l'ont les bêtes à cornes; mais les os de ses pieds ressemblent en réalité à ceux d'une bête de proie, et un cochon sauvage est un très-féroce animal. Les cochons ont toujours été regardés comme intraitables, stupides, et incapables d'éducation; il paraît pourtant, d'après l'exemple du cochon *savant*, que les cochons eux-mêmes

A hog is a disgusting animal; he is filthy, greedy, stubborn, and disagreeable. The flesh of the hog produces pork, ham, and bacon. Hogs are voracious; yet where they find plentiful and delicious food, they are very nice in their choice, will refuse unsound fruit, and wait the fall of fresh; but hunger will force them to eat rotten putrid substances. A hog has a strong neck, small eyes, a long snout, a rough and hard nose, and a quick sense of smelling.

peuvent être susceptibles d'être instruits.

Le cochon est un dégoûtant animal; il est sale, glouton, entêté et désagréable. La chair du cochon donne le porc frais, le jambon et le lard. Les cochons sont voraces; cependant, là où ils trouvent une nourriture abondante et délicieuse, ils sont fort délicats dans leur choix, refusent le fruit gâté, et attendent la chute du fruit sain; mais la faim les forcera à se nourrir de substances pourries. Le cochon a le cou fort, de petits yeux, un long groin, un nez rude et dur, et le sens de l'odorat très-développé.

## THE DEER.

### LE CERF.

Deer shed their horns annually in the spring: if the old ones do not fall off, the animal rubs them gently against the branch of a tree. The new horns are tender; and the deer walk with their heads low, lest they should hit them against the branches: when they are full-grown and

Les cerfs perdent leur bois tous les ans au prin temps; si le vieux bois ne tombe pas, l'animal le frotte doucement contre la branche d'un arbre. Le nouveau bois est tendre, et les cerfs marchent la tête baissée, de peur de le heurter contre les branches. Quand le bois nouveau a acquis toute sa

hard, the deer rub them against the trees, to clear them of a skin with which they are covered.

croissance et sa dureté, le cerf le frotte contre les arbres, pour le débarrasser de la peau qui le recouvre.

The skins of deer are of use for leather, and the horns make good handles for common knives. Spirit of hartshorn is extracted, and hartshorn shavings are made from them.

La peau du cerf sert à faire du cuir; avec le bois on fait de bons manches pour les couteaux communs. On en extrait l'esprit de corne de cerf, et on en obtient aussi le produit connu sous le nom de corne de cerf brûlée.

Rein-deer, in Lapland and Greenland, draw the natives in sledges over the snow with prodigious swiftness.

Les rennes, en Laponie et au Groënland, attelés aux traîneaux des habitants, les conduisent sur la neige avec une vitesse prodigieuse.

# THE CAT.

## LE CHAT.

The cat has sharp claws, which she draws back when you caress her; then her foot is as soft as velvet. Cats have less sense than dogs: their attachment is chiefly to the house; but the dog's is to the persons who inhabit it.

Le chat a des griffes pointues, qu'il retire quand on le caresse; alors sa patte est aussi douce que le velours. Les chats ont moins d'instinct que le chien : c'est principalement à la maison qu'ils s'attachent; tandis que le chien s'attache aux personnes qui l'habitent.

Kittens have their eyes closed several days after their birth. The cat, after suckling her young some time, brings them mice and young birds. Cats hunt by the eye; they lie in wait,

and spring upon their prey, which they catch by surprise; then sport with it, and torment the poor animal till they kill it.

Cats see best in the gloom. In a strong light, the pupil of the cat's eye is con-

Les petits chats ont les yeux fermés plusieurs jours après leur naissance. La chatte allaite d'abord ses petits pendant quelque temps, puis elle leur apporte des souris et de petits oiseaux. Les chats chassent à l'aide de leur vue perçante; ils se mettent en embuscade, et puis s'élancent sur leur proie, qu'ils saisissent par surprise; puis ils jouent avec le pauvre animal, et le tourmentent jusqu'à ce qu'ils l'aient tué. Les chats voient mieux dans l'obscurité. A une forte lumière, leur pupille se contracte de manière à ne former presque qu'une ligne; la

tracted almost to a line, by night it spreads into a large circle.

Cats live in the house, but are not very obedient to the owner : they are self-willed and wayward. Cats love perfumes; they are fond of valerian and marjoram. They dislike water, cold, and bad smells; they love to bask in the sun, and to lie down on soft beds.

nuit elle s'étend de manière à former un grand cercle.

Le chat vit à la maison, mais il n'obéit pas à son maître; il est égoïste et volontaire. Les chats aiment les parfums, ils sont passionnés pour l'odeur de la valériane et de la marjolaine. Ils ont de la répugnance pour l'eau, pour le froid et pour les mauvaises odeurs; ils aiment à se chauffer étendus au soleil, et à coucher sur des lits bien douillets.

## THE SHEEP.

### LE MOUTON.

Sheep supply us with food and clothes; their wool is made into cloth, flannel, and stockings. Their skin is leather, which forms parchment, and is used to cover books. Their entrails are made into strings for fiddles; and their dung affords rich manure for the earth. The female is called an ewe.

Le mouton fournit à notre nourriture et à notre habillement; sa laine sert à fabriquer du drap, de la flanelle et des bas. Sa peau, dont on fait le parchemin, est un cuir dont on se sert pour la reliure. Avec ses entrailles on fait des cordes à boyaux; son fumier est pour la terre un excellent engrais. La femelle s'appelle brebis.

A sheep is a timid animal, and runs from a dog; yet an ewe will face a dog when a lamb is by her side: she thinks not then of her own danger, but will stamp with her foot, and push with her head, seeming to have no fear: such is the love of mothers!

Le mouton est un animal timide, et il fuit devant le chien; cependant la brebis fera face à un chien si son agneau est à ses côtés: elle ne songe plus alors à son propre danger; mais elle frappera du pied et donnera des coups de tête; elle paraît alors ne plus connaître la peur: tant est grand l'amour d'une mère!

Sheep derive their safety from the care of man, and they well repay him for his attention. In many countries they require the attendance of shepherds, and are penned up at night to protect them from the wolves.

Les moutons trouvent leur sûreté dans les soins que l'homme prend d'eux, et ils l'en récompensent bien. Dans beaucoup de pays, il est besoin de l'aide du berger, et on les parque la nuit pour les protéger contre les loups.

## THE GOAT.

### LA CHÈVRE.

A goat is somewhat like a sheep; but has hair instead of wool. The white hair is valuable for wigs; cloth may also be made of the goat's hair. The skin of the goat is more useful than that of the sheep.

Goats seem to have more sense than sheep. They climb the steepest rocks, and spring from brow to brow. Their young is called a kid: the flesh of

La chèvre ressemble un peu au mouton, mais elle a du poil au lieu de laine. Le poil blanc est précieux pour faire des perruques; on peut aussi faire du drap avec le poil de chèvre. La peau est plus utile que celle du mouton.

Les chèvres paraissent avoir plus d'instinct que les moutons. Elles grimpent sur les rochers les plus escarpés, et sautent d'une pointe de rocher à l'autre. Les petits de la

kids is esteemed ; gloves are made of their skins. Persons of weak constitution drink the milk of goats.

chèvre s'appellent chevreaux; leur chair est estimée, et leur peau sert à faire des gants. Les personnes d'une faible constitution prennent du lait de chèvre.

Goats are very playful; but they sometimes butt against little boys, and knock them down, when they are teazed and pulled by the beard or horns.

Les chèvres sont très-joueuses; mais quelquefois elles donnent des coups de tête et jettent les petits garçons par terre, quand ils les tourmentent en les tirant par la barbe ou par les cornes.

## THE DOG.

### LE CHIEN.

The dog is gifted with that sagacity, vigilance, and fidelity, which qualify him to be the guard, the companion, and the friend of man; and happy is he who finds a friend as true and faithful as this animal, who will rather die by the side of his master, than take a bribe of a stranger to betray him. No other animal is so much the companion of man as the dog. The

Le chien est doué d'une sagacité, d'une vigilance et d'une fidélité qui le rendent digne d'être le gardien, le compagnon et l'ami de l'homme. Heureux est celui qui trouve un ami aussi vrai et aussi fidèle que cet animal, qui aimera mieux mourir à côté de son maître que de se laisser séduire par un étranger pour le trahir. Nul autre animal n'est autant que le chien le com-

dog understands his master by the tone of his voice; nay even by his looks, he is ready to obey him.

pagnon de l'homme. Le chien comprend son maître au ton de sa voix; il est même prêt à obéir à son coup d'œil.

The Newfoundland dog has a peculiar instinct to save persons fallen in the water.

Dogs are very serviceable to man. A dog will conduct a flock of sheep. The dog is said to be the only animal who always knows his master, and the friends of his family; who distinguishes a stranger as soon as he

Le chien de Terre-Neuve a un instinct particulier pour sauver les personnes qui tombent à l'eau.

Les chiens rendent de grands services à l'homme. Un chien suffit à conduire un troupeau de moutons. Il est, dit-on, le seul animal qui reconnaisse toujours son maître et les amis de sa famille; il distingue un étranger aussitôt qu'il

arrives; who understands his own name, and the voice of the domestics; and who, when he has lost his master, calls for him by cries and lamentations.

A dog is the most sagacious animal we have, and the most capable of education. In most dogs the sense of smelling is keen : a dog will hunt his game by the scent; and in following his master, he will stop where the roads cross, try which way the scent is strongest and then pursue that.

arrive ; il répond à son nom, et reconnaît les domestiques à la voix ; et quand il a perdu son maître, il l'appelle par des cris et des lamentations.

Le chien est le plus intelligent des animaux et le plus capable d'éducation; chez beaucoup de chiens, le sens de l'odorat est très-fin : le chien chasse le gibier à la piste; et quand il suit son maître, il s'arrête là où les routes se croisent, et reconnaît à l'odeur quel est le chemin qu'il doit prendre.

## THE ASS.

### L'ANE.

The ass is humble, patient, and quiet.—Why should a creature so pa-

tient, so innocent, and so useful, be treated with contempt and cruelty? The

L'âne est humble, patient et tranquille. Pourquoi faut-il qu'un animal

si patient, si inoffensif et si utile soit traité avec mépris et avec cruauté? L'âne

ass is strong, hardy, and temperate, and less delicate than the horse; but he is not so sprightly and swift as that noble and generous animal. He is often rendered stupid and dull by unkind treatment, and blamed for what rather deserves our pity.

The ass is by nature very stubborn, and, when he is too much teased, he kicks and throws off his rider, who becomes a laughing-stock for his companions, as well as for blackguards, who do not fail to make a fool of him.

est robuste, courageux, sobre, et moins délicat que le cheval; mais il n'a pas autant de feu et de vitesse que ce noble et généreux animal. Souvent on le rend lourd et stupide à force de mauvais traitements, et on le blâme pour ce qui mériterait plutôt notre pitié.

L'âne est de son naturel fort entêté, et, quand on le tourmente par trop, il lance des ruades et jette à terre son cavalier, qui devient pour ses compagnons un sujet de moquerie aussi bien que pour le gamin, qui ne se fait pas faute de lui faire un pied de nez.

# THE LION.

## LE LION.

This noble animal has a large head, short round ears, shaggy mane, strong limbs, and a long tail tufted at the extremity. His general colour is tawny, which on the belly inclines to the white. From the nose to the tail, a full-grown lion will measure eight feet. The lioness is somewhat smaller, and destitute of a mane.

Ce noble animal a une large tête, de petites oreilles courtes, une épaisse crinière, des membres robustes, et une longue queue touffue à l'extrémité. Il est généralement d'une couleur fauve, mais qui, au ventre, tire sur le blanc. La longueur d'un lion qui a atteint toute sa croissance peut aller à huit pieds, mesurée depuis le nez jusqu'à la queue; la lionne est un peu plus petite et n'a pas de crinière.

Like other animals, the lion is affected by the influence of climate in a very sensible degree. Under the scorching sun of Africa,

Le lion, comme d'autres animaux, est affecté à un degré très-sensible par l'influence du climat. Sous le soleil brûlant de l'Afrique, où

where his courage is excited by the heat, he is the most terrible and undaunted of all quadrupeds.

A single lion of the desert will often rush upon a whole caravan, and face his enemies, insensible of fear, to the last gasp. To his keeper he appears to possess no small degree of attachment: and though his passions are strong, and his appetites vehement, he has been tried, and found to be noble in his resentment, magnanimous in his courage, and grateful in his disposition; the story of Androcles's lion is an irrecusable proof of it.

His roaring is so loud, that it pierces the ear like thunder.

son courage est excité par la chaleur, il est le plus terrible et le plus intrépide de tous les quadrupèdes.

On verra souvent un seul lion du désert se précipiter sur une caravane entière, et, insensible à la crainte, faire face à ses ennemis jusqu'à son dernier soupir. Il paraît avoir un vif degré d'attachement pour son gardien; et, malgré l'ardeur de ses passions et de ses appétits, on l'a vu, quand il était mis à l'épreuve, noble dans son ressentiment, magnanime dans son courage, et disposé à la reconnaissance; l'histoire du lion d'Androclès en est une preuve irrécusable.

Son rugissement est si bruyant, qu'il perce l'oreille comme le bruit du tonnerre.

# THE ELEPHANT.

## L'ÉLÉPHANT.

The elephant is not only the largest, but the strongest of all quadrupeds; in a state of nature it is neither fierce nor mischievous. Pacific, mild, and brave, it only exerts its powers in its own defence, or in that of the community to which it belongs. It is social and friendly with its kind; the oldest of the troop always appears as the leader, and the next in seniority brings up the rear. As they march

L'éléphant est non-seulement le plus grand, mais le plus fort de tous les quadrupèdes. Dans l'état de nature, il n'est ni féroce ni méchant; pacifique, doux et brave, il n'emploie ses forces que pour sa propre défense, ou pour celle de la communauté à laquelle il appartient. Il est sociable et amical avec ceux de son espèce; le plus vieux de la troupe paraît toujours en être le chef, et le plus ancien après lui forme l'ar-

the forest seems to tremble beneath them; in their passage they bear down the branches of trees, on which they feed; and if they enter cultivated fields, the labours of agriculture soon disappear.

rière-garde. Quand ils sont en marche, la forêt semble trembler sous leurs pas; sur leur passage, ils abattent les branches des arbres dont ils se nourrissent; et s'ils entrent dans des champs cultivés, il ne reste bientôt plus trace des travaux de l'agriculteur.

When the elephant is once tamed, it is the most gentle and obedient of all animals. Its attachment to its keeper is remarkable, and it seems to live but to serve and obey him. It is quickly taught to kneel, in order to receive its rider and its burden; and it caresses those with whom it is acquainted.

Quand l'éléphant est une fois apprivoisé, il est le plus doux et le plus obéissant de tous les animaux; son attachement pour son cornac est remarquable, et il semble ne vivre que pour le servir et lui obéir. Il apprend bientôt à s'agenouiller pour qu'on puisse le monter et le charger, et il caresse ceux qu'il connaît.

## THE BEAR.

### L'OURS.

There are several kinds of bears; such as the black bear, the brown bear, and the white bear.

Il y a plusieurs espèces d'ours : l'ours noir, l'ours brun et l'ours blanc.

The black bear is a strong powerful animal, covered with black glossy hair, and is very common in North America. It is said to subsist wholly on vegetable food ; but some of them, which have been brought into England, have shewn a preference for flesh. They strike with their fore feet like a cat, seldom use their tusks, but hug their assailants so closely, that they almost squeeze

L'ours noir est un vigoureux et puissant animal, couvert d'un poil noir et luisant; il est très-commun dans l'Amérique du Nord. Il se nourrit, dit-on, entièrement de végétaux; cependant quelques-uns d'eux qui ont été amenés en Angleterre ont montré de la préférence pour la chair. Ils frappent avec leurs pattes de devant comme le chat, et se servent rarement de leurs dents; mais ils embrassent

them to death. After becoming pretty fat in autumn, these animals retire to their dens, and continue six or seven weeks in total inactivity and abstinence from food.

The white, or Greenland bear, has a peculiarly long head and neck, and its limbs are of prodigious size and strength; its body frequently measures thirteen feet in length. The white bear lives on fish, seals, and the dead bodies of whales.

si étroitement ceux qui les attaquent qu'ils les étouffent presque. Après s'être bien engraissés dans l'automne, ces animaux se retirent dans leur tanière, et ils y restent six ou sept semaines dans une inactivité complète, et sans prendre aucune nourriture.

L'ours du Groënland, ou ours blanc, a la tête et le cou remarquablement longs; ses membres sont d'une dimension et d'une force prodigieuses; son corps a souvent treize pieds de long. L'ours blanc se nourrit de poisson, de veaux marins et de cadavres de baleine.

# THE TIGER.

## LE TIGRE.

The form of the tiger resembles that of a cat. He is more slender and elegant is his shape than the lion, and is better formed for swiftness and agility.

The strength of the tiger in but little inferior to that of the lion. It is said that he often engages in battle with the lion, and, on account of his superior agility, with frequent success.

The body of the tiger is yellow, beautifully stri-

La forme du tigre ressemble à celle d'un chat. Ses proportions sont plus déliées et plus élégantes que celles du lion, et il est mieux taillé pour la vitesse et pour l'agilité.

La force du tigre n'est que de peu inférieure à celle du lion. On dit qu'il n'est pas rare de le voir attaquer le lion, et, grâce à son agilité supérieure, il a souvent l'avantage.

Le corps du tigre est jaune, élégamment rayé

ped with black. Nothing can be more beautiful than the power and freedom of his movements, or better indicate the force and agility which make him the dread of the countries he inhabits.

In a pleasure-party which took place in the country in India, a menacing tiger having suddenly appeared, a lady had such presence of mind as to open noisily her umbrella, and to direct it boldly towards the tiger, which went back and disappeared into the forest.

All undergoing the domination of mankind,

de noir. Rien n'est plus beau que la vigueur et la liberté de ses mouvements, et rien aussi n'indique mieux la force et l'agilité qui le rendent la terreur des pays qu'il habite.

Dans une partie de plaisir qui avait lieu à la campagne, dans l'Inde, un tigre menaçant ayant surgi tout à coup, une dame eut la présence d'esprit d'ouvrir avec force son parapluie et de le diriger résolument vers le tigre, qui recula et disparut dans la forêt.

Comme tout subit la domination de l'espèce hu-

which adapts every thing to its wants or whims, dauntless hunters, often at the peril of their life, wage an implacable war against those formidable animals. So tigers, leopards, panthers, even lions, pay their tribute to the luxury of our towns, and their fine skins, skilfully prepared and preserved, are transformed into rich carpets and become, under the feet of ladies, one of the elegant and comfortable ornaments of their bed-room or boudoir.

maine qui approprie tout à ses besoins ou à ses caprices, d'intrépides chasseurs, souvent au péril de leur vie, font une guerre acharnée à ces redoutables animaux. C'est ainsi que le tigre, le léopard, la panthère et même le lion fournissent leur tribut au luxe de nos villes, et que leurs belles peaux, habilement préparées et conservées, se transforment en luxueux tapis et deviennent, sous les pieds des dames, un ornement élégant et confortable de leur chambre à coucher ou de leur boudoir.

## THE RHINOCEROS.

### LE RHINOCÉROS.

The length of the rhinoceros is about twelve feet; his height from six to seven feet. He is next the elephant in size.

His head is furnished with a horn, growing from the snout, sometimes three feet and a half long; and, but for this, that part would have the appearance of the head of a hog. The upper lip is much longer in proportion, ends in a point, is very pliable, and serves to col-

La longueur du rhinocéros est d'environ douze pieds, sa hauteur de six à sept. Il est après l'éléphant le plus gros des quadrupèdes.

Sa tête est armée d'une corne, qui croît sur le nez, et dont la longueur est quelquefois de trois pieds et demi; sans cette corne, sa tête aurait beaucoup de rapports avec celle du cochon. La lèvre supérieure est proportionnellement beaucoup plus longue que la lèvre inférieure; elle se termine en pointe, est

lect his food, and deliver it into the mouth. The ears are large, erect and pointed.

The skin, which is of a dirty brown colour, is so thick as to turn the edge of a sword, and to resist a musket ball; the legs are short, strong and thick; and the hoofs are divided into three parts, each pointing forward.

He feeds on grass, twigs of trees, and other vegetable substances. He lives in marshy places, and is fond of wallowing in the mire like a hog. He is a solitary animal, wandering about alone in his native state.

This animal is found in the deserts of Africa and Asia. His strength is prodigious. He fights with

très-flexible, et l'animal s'en sert pour saisir sa nourriture, et pour la porter à sa bouche. Les oreilles sont longues, droites et pointues.

La peau du rhinocéros, qui est d'un brun sale, est si épaisse que le tranchant d'un sabre s'émousse dessus, et qu'une balle de fusil ne peut l'entamer; ses jambes sont courtes, robustes et massives; son sabot est divisé en trois parties, dont chacune est terminée en pointe.

Il se nourrit d'herbe, de jeunes pousses, et autres substances végétales. Il hante les lieux marécageux, et aime à se vautrer dans la boue comme le cochon. Cet animal vit solitaire, et se plaît à errer seul dans les lieux qui l'ont vu naître.

Le rhinocéros se trouve dans les déserts de l'Afrique et de l'Asie. Sa force est prodigieuse. Il combat

the horn on his nose, and in the battles that he is said to wage with the elephant, is generally victorious.

avec la corne qu'il a sur le nez ; et dans les combats qu'il soutient, dit-on, contre l'éléphant, il est généralement victorieux.

# THE CROCODILE.

## LE CROCODILE.

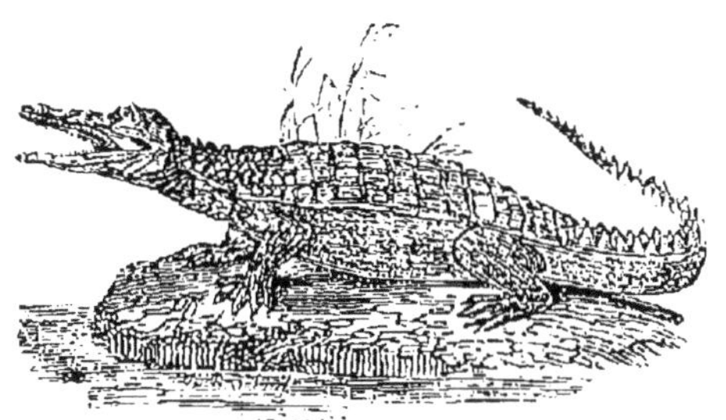

This formidable animal is to be found on the banks of the Nile, the Niger, and the Ganges. It sometimes attains the length of thirty feet. Its feet are clawed, its eyes very small, and its mouth, that is furnished with many rows of very strong and sharp-pointed teeth, is large enough to contain a man's body.

It is the most audacious and fierce of amphibious animals, and, what gives it a great security, is that its body is covered by very hard and bullet-proof scales. The

Cet animal formidable se trouve sur les bords du Nil, du Niger et du Gange. Il atteint quelquefois la longueur de trente pieds. Ses pattes sont armées de griffes, ses yeux sont très-petits, et sa gueule, qui est garnie de plusieurs rangées de dents très-fortes et très-aiguës, est assez large pour contenir le corps d'un homme.

C'est le plus audacieux et le plus féroce des animaux amphibies, et ce qui lui donne une grande sécurité, c'est que son corps est recouvert d'une écaille très-dure qui est à l'é-

crocodile is crafty, perverse and quick to take hold of his prey. These

animals are often hidden among reeds, and when any one comes to get water, they quickly rush upon their victim and devour it.

The female lays fifty or sixty eggs, which are almost as large as swan's eggs; she lays them down upon the sand, leaving to the heat of the sun the care of their hatching.

In Egypt and Senegal,

preuve de la balle. Le crocodile est rusé, pervers, et prompt à s'emparer de sa proie. Souvent ces animaux se tiennent cachés dans les roseaux, et lorsqu'on vient pour puiser de l'eau, ils se jettent avec vivacité sur leur victime et la dévorent.

La femelle pond cinquante à soixante œufs qui sont à peu près de la grosseur des œufs du cygne; elle les dépose sur le sable et laisse à la chaleur du soleil le soin de les faire éclore.

En Égypte et au Séné-

the inhabitants wrestle with the crocodile. They tie a bait to a doubly hooked harpoon, fastened to an iron chain, and when the crocodile, wishing to

gal, les habitants attaquent le crocodile corps à corps. Ils attachent un appât à un fort harpon à double crochet, fixé à une chaîne de fer, et lors-

devour this prey, has swallowed the harpoon, they draw him on the shore. To facilitate the operation, one of the negroes, riding on his back, seizes and raises up his fore-legs so that he can no more resist.

qu'en voulant dévorer cette proie il s'est fait entrer le harpon dans la mâchoire, ils l'attirent sur le rivage. Pour faciliter cette opération, un des nègres se mettant à cheval sur son dos lui saisit et lui relève les pattes de devant, en sorte qu'il ne peut plus résister.

# THE WHALE.

## LA BALEINE.

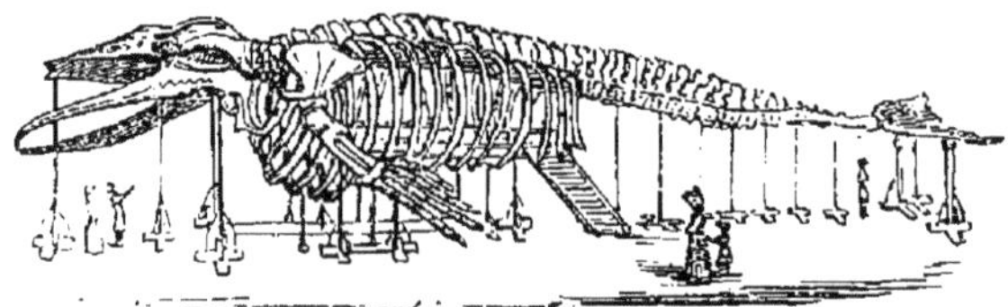

When full grown, the length of the whale may be stated as varying from fifty to sixty-five, and sometimes reaching seventy feet, and its greatest circumference from thirty to forty feet. When the mouth is open, it presents a cavity as large as a room, and capable of containing a merchant ship's jolly-boat full of men. The tail is a formidable instrument of motion and defence : it is only five or six feet long, but its motions are rapid, and its strength immense. The eyes are situated in the sides of the head ; they are

Quand la baleine a atteint toute sa croissance, sa longueur peut varier de cinquante à soixante-cinq pieds, et quelquefois elle atteint jusqu'à soixante-dix pieds ; sa plus grande circonférence est de trente à quarante. Quand la bouche est ouverte, elle présente une cavité aussi large qu'une chambre, et capable de contenir le petit canot d'un vaisseau marchand avec son équipage. La queue est un formidable instrument de locomotion et de défense : elle a seulement cinq ou six pieds de long, mais ses mouvements sont rapides, et sa force est immense. Les yeux sont situés sur les

very small, being little larger than those of an ox.

côtés de la tête; ils sont très-petits, car ils n'ont guère plus de largeur que ceux d'un bœuf.

The mouth, instead of teeth, has two rows of whalebone, each of which contains more than three hundred laminæ, the longest of which are about ten or eleven feet. The colour of the old whale is gray and white, that of the young ones a sort of bluish black.

La bouche, au lieu de dents, a deux rangées de fanons, dont chacune contient plus de trois cents feuilles de baleines, de dix à onze pieds environ de longueur. La couleur d'une vieille baleine est grise et blanche; les jeunes sont d'un noir bleuâtre.

The whale produces one and sometimes two cubs at a time, and gives them suck as a cow does her calf. The anxiety and care of the female whale in endeavouring to protect and save her young, when in danger from the fishermen, is truly affecting. She loses all regard for her own safety, threatens the pursuers with destruction, and will scarce ever desert her offspring while life remains.

La baleine produit un et quelquefois deux petits à la fois, et elle les allaite comme une vache allaite son veau. L'anxiété et la tendresse de la mère, quand elle s'efforce de protéger et de sauver ses petits des atteintes des pêcheurs, sont vraiment touchantes. Elle ne songe plus à sa propre sûreté, met en danger la vie de ses persécuteurs, et n'abandonne pas ses enfants tant qu'il lui reste un souffle de vie.

The whale fisheries are extensive in the north Pacific Ocean, and in all the northern seas of the Atlantic. If this fishing is fertile in happy results for ship-owners, yet it exposes sailors to real dangers. The ships which go to the Pacific on these expeditions, bring back sometimes three hundred barrels of oil each.

La pêche de la baleine se fait sur une grande échelle dans le nord de l'océan Pacifique, et dans toutes les mers du nord de l'Atlantique. Si cette pêche est féconde en résultats avantageux pour les armateurs, elle expose les marins à des dangers réels. Chacun des vaisseaux qui vont dans la mer Pacifique pour ces expéditions, en rapporte quelquefois trois cents barils d'huile.

## THE EAGLE.

### L'AIGLE.

The eagle seems to enjoy a kind of supremacy over the rest of the inhabitants of the air. Such is the loftiness of his flight that he often soars in the sky, beyond the reach of the naked eye, and such is his strength that he has been known to bear away children in his talons. The eagle builds his nest on the top of inaccessible rocks and nurses his newly hatched eaglets with

L'aigle paraît être en possession d'une sorte de suprématie sur le reste des habitants de l'air. La hauteur de son vol est telle que souvent il prend l'essor et se perd dans le ciel hors de portée de la vue, et telle est sa force qu'on l'a vu emporter des enfants dans ses serres. L'aigle fait son nid sur la cime d'inaccessibles rochers et nourrit ses aiglons nouvellement éclos de gibier,

the game taken in the chase; this nest, which is called an airy, is a true field of slaughter.

produit de sa chasse. Ce nid, qu'on appelle aire, est un vrai champ de carnage.

The eagle lives often more than a hundred years.

L'aigle vit souvent au delà de cent ans.

## THE BOA.

### LE BOA.

This serpent has been known to measure twenty and even thirty feet in length. Its colour is of a yellowish brown, marked with a series of large brown blotches bordered with black. It is the largest of land serpents, and is found in Africa and India. The extent of its muscular power is truly wonderful. The buffalo and stag frequently become the victims of its rapacity, as well as smaller animals. After it has gorged its food

Ce serpent a jusqu'à vingt et même trente pieds de long. Sa couleur est d'un brun jaunâtre, marqué d'une suite de larges taches brunes bordées de noir. C'est le plus grand des serpents de terre; on le trouve en Afrique et dans l'Inde. Sa force musculaire est vraiment effrayante. Le buffle et le cerf deviennent souvent les victimes de sa rapacité, aussi bien que de plus petits animaux. Quand il s'est gorgé de nourriture,

it is easily destroyed, as it remains for a length of time stupid and unwieldy, till the process of digestion is over, when it again issues forth from its retreat, to the terror of all the animals of the forest.

on en vient aisément à bout, car il reste longtemps dans un état de lourdeur et d'apathie, jusqu'à ce que le travail de la digestion soit fini; alors il sort de nouveau de sa retraite pour être la terreur de tous les animaux de la forêt.

Fight of four sailors of Calcutta, assailed by an enormous boa-constrictor, that had acquired the extraordinary length of sixty-two feet.

Combat de quatre marins de Calcutta, attaqués par un énorme boa constrictor qui avait atteint la longueur extraordinaire de soixante-deux pieds.

# TROISIÈME PARTIE

## LECTURE COURANTE

---

# PART III

## EASY READING LESSONS

Intelligent devotedness and ingenious stratagem of a mother to save her child from the brinks of a precipice.

Dévouement intelligent et stratagème ingénieux d'une mère pour sauver son enfant des bords d'un précipice.

# INDUSTRY AND INDOLENCE CONTRASTED.

## A TALE BY DR. PERCIVAL.

In a village, at a small distance from the metropolis, lived a wealthy husbandman, who had two sons, William and Thomas; the former of whom was exactly a year older than the other.

On the day when the second son was born, the husbandman planted in his orchard two young apple-trees of an equal size, on which he bestowed the same care in cultivating; and they throve so much alike, that it was a difficult matter to say which claimed the preference.

As soon as the children were capable of using garden implements, their father took them, on a fine day, early in the spring, to see the two plants he had reared for them, and called after their names. William and Thomas having much admired the beauty of these trees, now filled with blossoms, their father told them, that he made them a present of the trees in good condition, which would continue to thrive or decay, in proportion to the labour or neglect they received.

Thomas, though the youngest son, turned all his attention to the improvement of his tree, by clearing it of insects as soon as he discovered them, and propping up the stem that it might grow perfectly upright. He dug about it, to loosen the earth, that the root might receive nourishment from the warmth of the sun, and the moisture of the dews. No mother could nurse her child more tenderly in its infancy, than Thomas did his tree.

His brother William, however, pursued a very different conduct; for he loitered away all his time in the most idle and mischievous manner, one of his principal amusements being to throw stones at people as they passed. He kept company with all the idle boys in the neighbourhood, with whom he was continually fighting, and was seldom without either a black eye or a broken skin. His poor tree was neglected, and never thought of, till one day in autumn, when, by chance, seeing his brother's tree loaded with the finest apples, and almost ready to break down with the weight, he ran to his own tree, not doubting that he should find it in the same pleasing condition.

Great, indeed, were his disappointment and surprise, when, instead of finding the tree loaded with excellent fruit, he beheld nothing but a few withered leaves, and branches covered with moss. He instantly went to his father, and complained of his partiality in giving him a tree that was worthless and barren, while his brother's produced the most luxuriant fruit; and he thought that his brother should, at least, give him half of his apples.

His father told him that it was by no means reasonable that the industrious should give up part of their labour to feed the idle. "If your tree," said he, "has produced you nothing, it is but a just reward of your indolence, since you see what the industry of your brother has gained him. Your tree was equally full of blossoms, and grew in the same soil; but you paid no attention to the culture of it. Your brother suffered no visible insects to remain on his tree; but you neglected that caution, and suffered them to eat up the very buds. As I cannot bear to see even plants perish through neglect, I must now take this tree from you, and give it to your brother, whose care and attention may possibly restore it to its former vigour. The fruit it produces shall be his property, and you must no longer consider yourself as having any right in it. However, you may go to my nursery, and there choose any other you may like better, and try what you can do with it; but if you neglect to take proper care of it, I shall take that also from you, and give it to your brother as a reward for his superior industry and attention.

This had the desired effect on William, who clearly perceived the justice and propriety of his father's reasoning, and instantly went into the nursery to choose the most thriving apple-tree he could meet with. His brother Thomas, assisting him in the culture of his tree, advised him in what manner to proceed; and William made the best use of his time, and the instructions he received from his brother. He left off all his mischievous tricks, forsook the company of idle boys, applied himself cheerfully to work, and in autumn received the reward of his labour, his tree being loaded with fruit.

## ADVICE TO YOUNG PERSONS INTENDED FOR TRADE.

BY DR. BENJAMIN FRANKLIN.

REMEMBER *that time is money*.—He that can earn ten shillings a-day at his labour, and goes abroad, or sits idle one half of that day, though he spends but sixpence during his diversion or idleness, ought not to reckon *that* the only expense; he has spent, or rather thrown away, five shillings besides.

*Remember that credit is money*.—If a man lets his money lie in my hands after it is due, because he has good opinion of my credit, he gives me the interest, or so much as I can make of the money during that time. This amounts to a considerable sum where a man has large credit, and makes good use of it.

*Remember that money is of a prolific or multiplying nature*.—Money can produce money, and its offspring can produce more, and so on. Five shillings turned is six; turned again, it is seven and three-pence: and so on, till it becomes a hundred pounds. The more there is of it, the more it produces every turning, so that the profits rise quicker and quicker. He that throws away a crown, destroys all that it might have produced, even scores of pounds.

*Remember that six pounds a-year is but a groat a day.*—For this little sum (which may be daily wasted, either in time or expense, unperceived) a man of credit may, on his own security, have the constant possession and use of a hundred pounds. So much in stock, briskly turned by an industrious man, produces great advantage.

*Remember this saying, "The good paymaster is lord of another man's purse."*—He that is known to pay punctually and exactly to the time he promises, may at any time, and on any occasion, raise all the money his friends can spare. This is sometimes of great use. Next to industry and frugality, nothing contributes more to the raising of a man in the world, than punctuality and justice in all his dealings : therefore never keep borrowed money an hour beyond the time promised, lest a disappointment shut up your friend's purse for ever.

*The most trifling actions that affect a man's credit are to be regarded.*—The sound of the hammer at five in the morning, or nine at night, heard by a creditor, makes him easy six months longer ; but if he sees you at a billiard-table, or hears your voice at a tavern, when you should be at work, he sends for his money the next day, and demands it before it is convenient for you to pay him.

*Beware of thinking all your own that you possess, and of living accordingly.*—This is a mistake that many people who have credit fall into. To prevent this, keep an exact account for some time, both of your expenses and your income. If you take the pains at first to enumerate particulars, it will have this good effect : you will discover how wonderfully small trifling expenses mount up to large sums ; and will discern what might have been, and may for the future be saved, without occasioning any great inconvenience.

In short, the way to wealth, if you desire it, is as plain as the way to market. It depends chiefly on two things, *industry* and *frugality;* that is, waste neither *time* nor *money,* but make the best use of both.

## BRIEF INTRODUCTION

### TO THE ARTS AND SCIENCES, INCLUDING EXPLANATIONS OF SOME OF THE PHENOMENA OF NATURE.

1. *Agriculture.* — Agriculture, the most useful and important of all pursuits, teaches the nature of soils, and their proper adaptation and management, for the production of food for man and beast.

2. *Air.* — The air is a transparent, invisible, elastic gas, surrounding the earth to the height of several miles. It contains the principles of life and vegetation; and is found by experiment to be eight hundred times lighter than water.

3. *Anatomy.* — Anatomy is the art of dissecting the human body when dead, and of examining and arranging its parts; in order to discover the nature of diseases, and promote the knowledge of medicine and surgery.

4. *Architecture.* — Architecture is the art of planing and erecting all sorts of buildings, according to the best models. It contains five orders, called the Tuscan, Doric, Ionic, Corinthian, and Composite.

5. *Arithmetic.* — Arithmetic is the art of computing by numbers: and notwithstanding the great variety of its applica-

tions, it consists of only four distinct operations, Addition, Substraction, Multiplication, and Division.

6. *Astronomy.* — Astronomy is that grand and sublime science which makes us acquainted with the figures, distances, and revolutions of the planetary bodies; and with the nature and extent of the universe.

The planets of our system are Mercury, Venus, the Earth, Mars, Jupiter, Saturn, Herschel, Juno, Ceres, Vesta, and Pallas; and the planet lately discovered by Leverrier, and named Neptunus. These revolve about the sun; and to Jupiter, Saturn, and Herschel, there are thirteen moons attached, like that which attends the Earth. Besides these there are Comets; and millions of Fixed Stars, which are probably Suns to other similar systems.

7. *Biography.* — Biography records the lives of eminent men, and may be called the science of life and manners. It teaches from experience, and is therefore most useful to youth.

8. *Botany.* — Botany is that part of natural history, which treats of vegetables. It arranges them in their proper classes, and describes their structure and use.

9. *Chemistry.* — Chemistry is the science which explains the constituent principles of bodies, the results of their various combinations, and the laws by which these combinations are effected. It is a most interesting and useful pursuit.

10. *Chronology.* — Chronology teaches the method of computing time, and distinguishing its parts, so as to determine what period has elapsed since any memorable event.

11. *Clouds.* — Clouds are nothing but collections of vapours suspended in the air. They are from a quarter of a mile to four miles high. A fog is a cloud which touches the earth.

12. *Commerce.* — Commerce is the art of exchanging one commodity for another, by buying or selling, with a view to gain. Though private emolument is its origin, it is the bond of society, and by it, one country participates in the productions of all others.

13. *Cosmography.* — Cosmography is a description of the world, or the universe, including the earth and the bodies in infinite space. It divides itself into two parts, Geography and Astronomy.

14. *Criticism.* — Criticism is an art which teaches us to write with propriety and taste; but is often greatly abused by writers in anonymous reviews, who make a trade of it, and sell their opinions.

15. *Dew.* — Dew is produced from extremely subtile particles of water floating in the air, and condensed by the coolness of the night.

16. *Electricity.* — Electricity is a power in nature which is made to shew itself by friction. If a stick of sealing-wax, or a piece of glass, be rubbed upon the coat, or upon a piece of flannel, it will instantly act on pieces of paper, and other light substances. The power which occasions these motions is called electricity.

17. *Earthquakes.* — An earthquake is a sudden motion of the earth, supposed to be caused by heated vapours in caverns of the earth, which explode like gunpowder.

18. *Ethics.* — Ethics, or morals, teach the science of proper conduct, according to the respective situations of men.

19. *Galvanism.* — A branch of the electrical science, which shews itself by the chemical action of certain bodies on each other. It was discovered by Galvani, an Italian.

20. *Geography.* — Geography is that science which makes us acquainted with the constituent parts of the globe, and its distribution into land and water. It also teaches us the limits and boundaries of countries; and their particularities, natural and political. It is the *eye* and the *key* of history.

21. *Geology* — Geology is the science which investigates the structure of the globe, and classes all its former remains according to their age.

22. *Geometry.* — This sublime science teaches the relations of magnitude, and the properties of surfaces. In an extended sense, it is the science of demonstration. It includes the greater

part of Mathematics, and is generally preferred to logic in teaching the art of reasoning.

23. *Hail.* — Hail is formed from rain, congealed in its descent, by extreme cold of the atmosphere.

24. *History.* — History is a narration of past facts and events, relative to all ages and nations. It is the guide of the statesman, and the favourite study of the enlightened scholar. It is the common school of mankind, equally open and useful to princes and subjects.

25. *Law.* — The rule of right, and the perfection of reason, when duly made and impartially administered; without which our persons and our property would be equally insecure.

26. *Logic.* — Logic is the art of employing reason efficaciously, in inquiries after truth, and in communicating the result to others.

27. *Magnetism.* — Magnetism is a science connected with the powers that produce electrical and galvanic action. By it needles are made to point to the north and south, for the use of navigators.

28. *Mechanics.* — Mechanics teach the nature and laws of motion, the action and force of moving bodies, and the construction and effects of machines and engines.

29. *Medicine.* — The art of medicine consists in the knowledge of the disorders to which the human body is subject, and in applying proper remedies to remove or relieve them.

30. *Metaphysics.* — Metaphysics may be considered as the science of the mind. From the obscure nature of the subjects about which it is employed, it cannot lead to certainty.

31. *Mists.* — Mists are a collection of vapours, commonly rising from fenny places or rivers, and becoming more visible as the light of the day decreases. When a mist ascends high in the air, it is called a cloud.

32 *Music.* — Music is the practice of harmony, arising from a combination of melodies in songs and concerts.

33. *Natural History.* — Natural History includes a descrip-

tion of the forms and instincts of animals, the growth and properties of vegetables and minerals, and whatever else is connected with mineral, vegetable, or animal nature.

34. *Optics.* — The science of Optics treats of vision, whether performed by the eye, or assisted by instruments. It teaches the construction and use of telescopes, and microscopes, etc.

35. *Painting.* — Painting is one of the fine arts; and by a knowledge ot the principles of drawing, and the effects of colours, it teaches to represent all sorts of objects. A good painter must possess an original genius.

36. *Pharmacy.*—Pharmacy is the science of the apothecary. It teaches the choice, preparation, and mixture of medicines.

37. *Philosophy.* — Philosophy is the study of nature, of mind, and of morals, on the principles of reason.

38. *Physics.* — Physics treat of nature, and explain the phenomena of the material world.

39. *Poetry.* — Poetry is a speaking picture; representing real or fictitious events by a succession of mental imagery, expressed in measured numbers. It at once refines the heart, and elevates the soul.

40. *Rain.* — Rain is produced from clouds, condensed, or run together by the cold; which, by their own weight, fall in drops of water. When they fall with violence, they are supposed to be impelled by the action of electricity.

41. *Rainbow.* — The rainbow is produced by the refraction and reflection of the sun's beams from falling drops of rain. An artificial rainbow may be produced by means of a garden engine, the water from which must be thrown in a direction contrary to that of the sun.

42. *Religion* — Religion is the worship offered to the Supreme Being, in the manner that we conceive to be the most agreeable to his revealed will; in order to procure his blessing in this life, and happiness in a future state.

43. *Sculpture.* — Sculpture is the art of carving or hewing stone, and other hard substances, into images

44. *Snow.* — Snow is congealed water or clouds; the particles of which cristallizing, and touching each other, descend in beautiful flakes.

45. *Statistics.* — Statistics is a science which applies numbers to all social subjects, and to all science.

46. *Surgery.* — Surgery is that branch of the healing art which consists in manual operations, by the help of proper instruments, or in curing wounds by suitable applications.

47. *Thunder and Lightning.* — These awful phenomena are occasioned by the power called electricity. Lightning consists of an apparent stream of the electrical fire, or fluid, passing between the clouds and the earth; and the thunder is nothing more than the explosion, with its echoes.

Thunder and lightning bear the same relation to each other, as the flash and the report of a cannon; and by the space of time which occurs between them in both cases, their distance from a particular spot may be known, reckoning 1142 feet for every second of time

48. *Tides.* — The tides are the alternate flux and reflux of the sea, which generally takes place every six hours. The tides are occasioned by the united action, exercised by the moon and sun, upon the earth and its waters.

# OUTLINES

OF

# ENGLISH HISTORY:

BY EDWARD BALDWIN, ESQ.

---

## CHARACTERS OF THE KINGS OF ENGLAND.

William the Conqueror was harsh and severe.

William Rufus was passionate and rash.

Henry Beauclerc was an excellent scholar.

Stephen of Blois obtained the crown by a trick, but was hardly able to keep it.

Henry Fitz-Empress was a man of spirit and sense, but was whipped at the tomb of Thomas a Becket.

Richard Cœur de Lion fought for the Holy Land, with the sultan Saladin.

John Lackland signed the Charter of our freedom, but was himself a slave to violent passions.

Henry of Winchester built Westminster Abbey.

Edward Longshanks was wise and prudent; but he loved war, and conducted it barbarously.

Edward of Carnarvon was a weak prince, governed by upstarts, and cruelly murdered by his wife, in Berkeley Castle.

Edward the Third was the conqueror of France.

Richard of Bordeaux was admirable while a boy, and contemptible when he grew to be a man; he was deprived of his crown, and starved to death in Pomfret Castle.

Henry of Bolingbroke wrested the crown from Richard of Bordeaux, and was miserable during the whole of his reign.

Henry of Monmouth won the battle of Agincourt, on St. Crispin's day.

Henry of Windsor had an obstinate struggle for the crown, but was unsuited to a scene of confusion and bloodshed.

Edward IV. carried the crown from the Henries : their family was called the House of Lancaster, and his the House of York.

Edward V. and his brother, the duke of York, are supposed to have been murdered in the Tower, while children, by their uncle Richard Crookback.

Richard Crookback reaped small advantage by his cruelty and usurpation : after a reign of two years, he was slain in the battle of Bosworth.

Henry of Richmond was politic and grave ; but he tarnished his reign by extortion and avarice.

Henry VIII. was capricious and cruel, and, in his fits of displeasure, he spared neither friend nor foe : in his reign, the Reformation took place.

Edward VI. was a youth of great promise : but he died in the sixteenth year of his age.

Queen Mary burned three hundred Protestants, in four years, because they did not believe just as she did.

Queen Elizabeth, of all her sex, had a genius best fitted to govern : her temper was warm, but her judgment was penetrating and sound : in her reign, the Spanish Armada was defeated.

James I. did not want understanding, but he made too great a parade of it : his courtiers called him a Solomon, and his enemies said he was the weakest of mankind.

Charles I. loved and understood the works of Shakspeare, and Raphael, and Titian : he was a noble and accomplished gentleman ; but he was not a good king, and he met with a hard fate ; his subjects went to war with him, defeated him, and struck off his head.

Charles II. had much wit, but made a bad use of it : "he never said a foolish thing, nor ever did a wise one."

James II. was a gloomy bigot: he was very fit for a monk, but had no notion how to govern a kingdom.

William III. was grave and a statesman; and persons who are attached to the Protestant religion, have generally regarded him as the bulwark of their cause.

Queen Anne was well-meaning and inoffensive: she had the Duke of Marlborough for her general, who won famous battles abroad.

George I. was sober and discreet: some people endeavoured to set up against him the Pretender, the son of James II.; but they failed in all their attempts.

George II. was quick and warm in his temper: the Pretender's son made some progress in arms against King George, in one period of his reign, but was defeated by the Duke of Cumberland, in the battle of Culloden.

The reign of George III. was rendered illustrious by victories at sea: the last of these was the battle of Trafalgar, in which Lord Nelson, the conqueror, was killed by a shot from the enemy; the battle of Waterloo, by land, was infinitely more important in its consequences, than that of Trafalgar.

George IV. governed for many years, as Regent, before he actually came to the crown, and it was during the first of these periods, that Europe obtained a general peace by the final overthrow of Napoleon Bonaparte, in the battle of Waterloo, and the restoration of the Bourbon family to the throne of France. George IV. greatly enlarged and adorned Windsor Castle, which, as it now exists, is justly admired as a royal residence.

William IV. deservedly enjoyed the love of his people, for whose happiness and prosperity he was most solicitous; his habits were domestic; and he avoided all extravagance and ostentation. His peaceable reign is memorable for the abolition of the Slave-Trade, and for the Parliamentary Reform Bill, which was passed in 1832.

Queen Victoria, our present beloved Sovereign, ascended the throne June 20th, 1837. Long may she reign!

EGBERT
R. 10
836
849
ALFRED
R. 29
901
EDWY
R. 4.
959
EDGAR
R. 16.
975
CANUTE
R. 19.
1036
EDWARD THE CONFESSOR
R. 25.
1066

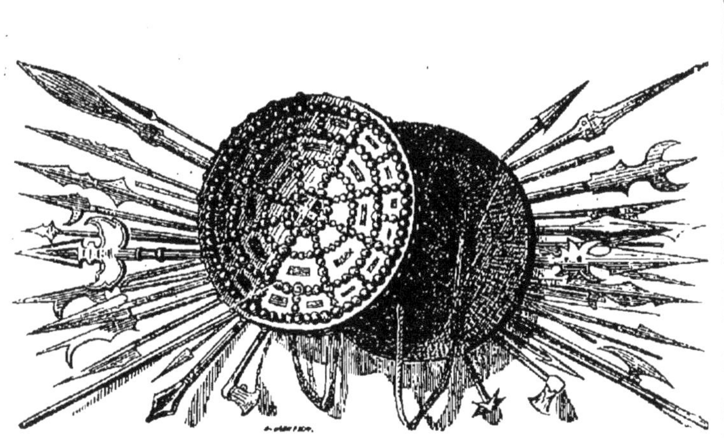

Armour, shields, spears, weapons, etc., used by the ancient Britons.

# HISTORY OF ENGLAND.

---

The first inhabitants of this country were called Britons: they painted their bodies with the figures of animals, and suns, and stars, like the savages of the South Seas: they lived in huts: their churches were groves of oak, and they held in great veneration the mistletoe: their priests were called Druids, and their poets Bards: they learned everything by heart, and had no books.

Afterwards, the Roman emperors came here: they first conquered the Britons, and then instructed them: they taught them Greek and Latin, and all sorts of learning: under the Roman Emperors, the Britons had fine houses and clothes, towns, palaces, theatres, bridges, aqueducts, pictures, statues, and the best roads that ever were made: England never had so many handsome buildings as at this period.

At last, the Roman empire fell to ruin, and the barbarous Saxons and Danes invaded us : king Arthur resisted them a long time; he had Merlin, the prophet, for his counsellor : a great many pretty stories have been written about king Arthur and his Knights of the Round Table.

After many struggles, the Saxons were victorious, and when they were settled, they became a little less barbarous : they gave the country the name of England, and their language is what we now call English : till then, people talked Latin.

King Alfred was a Saxon, and there never was a better king : he governed so well, that gold chains are said to have been hung up in the cross-ways, and that the people were too honest ever to think of stealing them : there were no clocks in king Alfred's time, and he had candles made, with the hours marked on them, to burn eight hours each : he allowed himself eight hours in every twenty-four for rest and refreshment, eight hours for reading and study, and eight hours to attend to the concerns of his kingdom.

Alfred was a warrior as well as a law-giver, and was obliged to defend his kingdom against the piratical Danes, who at one time drove him into exile, and obliged him to disguise himself in a peasant's garb, in the isle of Athelney. It was here that, while he assisted the labours of a cottager, the countryman's wife one day gave him a scolding for letting her cakes burn, while he sat by the fire where they were toasting.

Alfred dressed himself like a travelling musician (a harper), and went into the Danish camp, where he played and sung before the king; finding the enemy in a state of disorder, he returned and collected his troops, attacked the Danes, and drove them out of the kingdom.

WILLIAM THE CONQUEROR
R. 21.
1087
WILLIAM RUFUS.
R. 12 ¾
1100.
HENRY I
R. 35.
1135
1104
STEPHEN
R. 18 ¾.
1154.
1132
HENRY II.
1189.
1157.
RICHARD I
1199.

About one hundred years after the death of Alfred, the Danes made a complete conquest of England; king Canute was a Dane, and when his courtiers told him that *he was so powerful that nothing could withstand him;* he ordered his chair to be placed by the sea-side, where the tide was coming in, and forbade the water to dare to wet his feet: but it continued to advance, till he was obliged to get up, and make haste away; king Canute turned to his courtiers, and reproved their gross flattery by saying, *See what a fool you would make of me!*

## WILLIAM I.—1066.

Shortly after Canute, came William the Conqueror and his Normans, who made themselves masters of England; the Normans had more knowledge, and art, and politeness, and bravery, than either the Saxons or the Danes: England now therefore ceased to be a barbarous country: William the Conqueror built the Tower of London.

## WILLIAM II.—1087.

William Rufus was a man of great courage : he was once in haste to reach Normandy, and although the weather was stormy, and he was told that there would be much danger, yet he immediately jumped into the ship, and bade them sail away, asking them *whether they had ever heard of a king that was drowned!*

William Rufus was accidentally killed while hunting in the New Forest : Walter Tyrrel shot at a stag; but his arrow glanced from a tree, and the point of it striking the king in his breast, he died on the spot.

William Rufus built Westminster Hall two hundred feet long, for his dining-room.

## HENRY I. —1100.

Henry Beauclerc lost his son and daughter in a storm; the prince might have been saved in a boat, but when he heard his sister call him, he rowed back to the ship; numbers jumped into the boat at once, and all went to the bottom : Henry Beauclerc outlived this disaster many years, but is said never to have smiled afterward.

## STEPHEN.—1135.

Maud was the daughter of Henry I. and Stephen only his nephew; she therefore claimed the crown, and fought many battles for it : Maud twice escaped being taken prisoner, once out of Wallingford, in a coffin, and once out of Oxford, when she and her companions walked in white sheets over the snow.

## HENRY II. — 1154.

Henry Fitz-Empress's great favourite was Thomas à Becket : one day, as he and the king were riding on horse-back through the streets of London, they observed a beggar shivering with cold : *Would not it be a good action,* said the king, *to give this poor fellow a warm coat, in this hard season? — That it would,* said Becket; *and your majesty does well to think of such charitable actions. — Then he shall have one presently,* replied Henry; and with that, gave a smart pluck to Becket's cloak; the favourite pulled it close about him, and defended himself as well as he could, till both had nearly fallen in the dirt : at length, Becket, like a good courtier, let go his hold, and the king gave the cloak to the beggar; it was made of scarlet, and lined with ermine : the beggar knew nothing of the quality of the persons he saw, and was not a little surprised at the nature of the present.

The obsequious Becket, at last, became archbishop of Canterbury; he then showed as much pride as Pharaoh : he resolved to be a greater man than the king, and led his benefactor a weary and uncomfortable life : he put away his scarlet and ermine, wore a shirt of hair, and fed on roots; under this show of humility, hiding a boundless ambition : some courtiers, who thought it would be agreeable to the king, murdered Becket in his own cathedral : the pope was angry, and poor Henry Fitz-Empress was obliged to consent, by way of penance, to be whipped by monks, on his bare back, at Becket's tomb.

Henry was very indulgent to his children : he caused his eldest son, of his own name, to be crowned in his life-time : at the coronation dinner, the king brought up a dish and placed it before his son, saying at the same time, *Never was prince more royally served.* — *I see no such great matter in it,* said the ungracious youth, *that the son of an earl should wait upon the son of a king.*

Henry was very fond of a beautiful lady, called Fair Rosamond; the queen was jealous of this attachment : Henry, to defend this lady from the queen's resentment, made a bower for her at Woodstock, and enclosed it so cunningly in a labyrinth, that he thought no stranger could find the way in; but the queen, in the king's absence, discovered the entrance, and saw Rosamond. She carried a dagger in one hand, and a bowl of poison in the other, and gave the favourite no other choice than to use the one, or drink the other : Rosamond drank the poison, and died.

Henry Fitz-Empress was the first English king of the race of Plantagenet.

## RICHARD I. — 1189.

Richard Cœur de Lion is the great hero of the Crusades, expeditions that were set on foot by the pope, to rescue from the infidels the Holy Land, the country where our Blessed Saviour was born and died, where had stood his cross and tomb : the Mahometan prince that fought against him was called sultan Saladin : he was as brave as Richard; yet Richard would perhaps have succeeded, if the king of France, who joined in the expedition, had not envied Richard, and done everything he could to prevent his success : many battles were fought, and many prodigies of valour achieved : at length, Richard fairly owned that he was foiled, but sent word to Saladin, that *he should only go to England for a little while, and then he would return, and have another struggle for the holy city of Jerusalem :* Saladin politely replied, that *if he ever were to lose his dominions, he had rather lose them to so gallant a warrior as Richard, than to any other person in the world :* the defenders of Jerusalem were called Saracens, and it is from them we have the sign, so common to our inns, of the Saracen's Head

On his return home, Richard was shipwrecked, and obliged to wander alone through the dominions of the duke of Austria, one of those who envied his glory : the duke caused him to be apprehended and thrown into an obscure prison, so that nobody could tell what was become of him : Blondel, a poet and a singer, who had made and sung many songs which had delighted king Richard, and who was greatly attached to the king, wandered through many countries in search of his lost master; at last, he happened to sit down under the walls of the castle where Richard was a prisoner, and began to sing; it was a song that the king always admired : as soon as Blondel had finished one verse, a voice from within the castle began the next; Blondel knew that it was his master, and he contrived to speak or to sing such things as should make Richard understand that his prison was discovered, and that he might soon expect to be delivered : Blondel hastened to England, and informed the dowager, Richard's mother; a great ransom was raised, and Richard obtained his liberty.

Richard Cœur de Lion was killed by an arrow, in a trifling siege, not long after his return home.

## JOHN. — 1199.

Richard's next brother was named Geoffry; he died before the competitor of Saladin; but he left a wife named Constance, and a young son, prince Arthur : John Lackland, Richard's surviving brother, took advantage of his nephew's youth, and seized upon the vacant throne : the king of France, who had behaved so ill to Richard, pretended to take part with Arthur; the duke of Austria was another of his partisans : with such friends, we may easily anticipate his fate : Arthur fell into the hands of his cruel uncle, who is said to have ordered his eyes to be put out, and who afterwards probably murdered him.

The king of France took from John part of his dominions : John sat still and did nothing : to those who expostulated with him, he said, *Never mind; what the French conquer in years, I will take in a day;* but John was all talk and no performance.

John, at last, begged the pope's legate to take his part against the king of France and his son, the dauphin, who was now in possession of London : the legate said, *If John would surrender his crown to the pope, he would try what he could do :* John gave his crown, and the legate kept it five days, to show his power; but when the legate desired the dauphin to return to the place whence he came, the dauphin said, *The pope had sent him to England, but he should not leave it till he pleased.*

## HENRY III. — 1216.

When John Lackland died, Henry, his son, was but nine years old : nobody loved John; but as soon as he was gone, the English nation took courage again, and drove the French out of the island.

In the time of Henry of Winchester, great attention began to be paid to the fine arts, architecture, sculpture, and painting; the king was very fond of them; he rebuilt Westminster Abbey, from the foundation.

JOHN
1216
EDWARD I
1236
R 34
1307
EDWARD II
1284
R 20
EDWARD III
1312
R 50
1377
RICHARD II
1367
1400

## EDWARD I.—1272.

When Edward Longshanks was only prince, he sailed with Eleanora, his wife, for the Holy Land, where he was stabbed by a Turk, with a poisoned dagger: the wound was not dangerous, yet it was thought he would die of the poison; but the princess Eleanora sucked it out: Edward loved his lady so much, that on her death in Wales, where she had accompanied her husband, he attended her body home, in great state, to Westminster, and at every stage where the procession rested, ordered a beautiful stone cross to be erected to her memory: Waltham Cross is one of these.

## EDWARD II.—1307.

Edward II. was a man of weak understanding, and could never live without a favourite; not such a favourite as Becket was to Henry Fitz-Empress, for Becket was the cleverest man then in England; but a gay, handsome young man, expert in youthful sports.

Edward the second's favourite was Gaveston: while Edward Longshanks was alive, he saw the weakness of his son's disposition, and sent Gaveston into banishment; but as soon as the prince became king, he recalled Gaveston: the barons of the realm, however, did not treat their young sovereign as his father had treated him; they went to war, and struck off Gaveston's head, upon the side of a hill near Warwick: at length, Edward II. was put to a cruel death by his wife, in Berkeley Castle.

## EDWARD III. — 1327.

Of all our kings, Edward III. was the fondest of splendour and show : there was, in those days, a splendid exhibition called a Tournament; this was a mock fight, in a ring, for the amusement of spectators; the combatants were dressed in armour, and mounted on horseback : they tilted at each other with spears, and when their spears were broken, fenced with swords : the vanquished person was obliged to gó and confess, to the lady of his rival's choice, the superior prowess of his adversary : Edward III. was a great encourager of tournaments; he was frequently one of the combatants, and the queen and her ladies, seated on thrones and benches, were spectators.

Edward III. built Windsor Castle, the most princely of the palaces of the kings of England; and the colleges of Oxford and Cambridge were founded in his reign.

Edward III. maintained that he was more nearly related to the last king of France, than the prince who had succeeded him : he therefore collected an army, and fought for the crown, and won a great battle, at Cressy : his son, Edward the Black Prince, (so called because he wore a suit of black armour,) gained another victory at Poictiers, where he took John, king of France, prisoner : these are two of the most famous battles in English history.

When the Black Prince had taken king John prisoner, he prepared a grand dinner for him in his tent, and himself waited behind the king's chair : when he brought him over to London, he mounted his prisoner on a beautiful white horse, and rode a small black palfrey beside him along the streets; it is this behaviour that has caused the name of the Black Prince to be held in such esteem.

HENRY IV
1367
R 13
1415
HENRY V
1388
HENRY VI
1421
R. 38½
1471
EDWARD IV
1441
EDWARD V
1470
R 3 MONTHS
1483
RICHARD III
1450
R 2
1485

There is a memorable story of the siege of Calais by Edward III.: the brave inhabitants held out for a year; they surrendered at last only from hunger, and asked for no more than their lives: Edward III. said, *If they would send six of their principal citizens, in their shirts, and with halters about their necks, ready to be hanged, he would forgive the rest*: Eustache de St. Pierre, and five others, said *they were ready to die to save their town-fellows*, and came to the king, in the manner required: it is supposed that Edward III. would have caused them all to be hanged, if queen Philippa, the mother of the Black Prince, had not begged their lives on her knees.

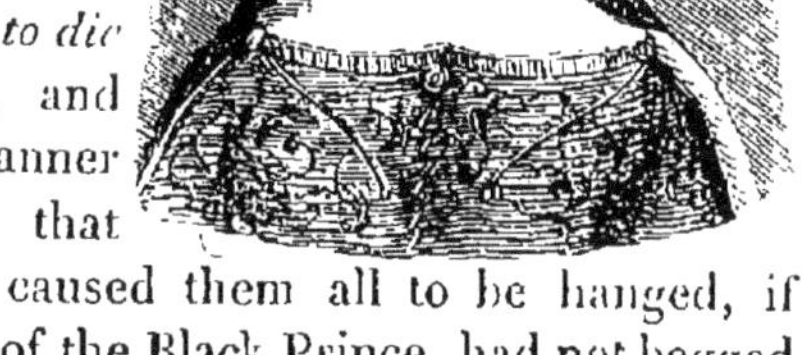

Edward reigned fifty years; but he lost his conquests, his wife, and his son.

## RICHARD II. — 1377.

Richard of Bordeaux, son to the Black Prince, was a very beautiful boy: when he was only fourteen years and a half old, there was a terrible rebellion of the common people, against the poll-tax of one shilling a head, on every person above fifteen years of age; there were a hundred thousand rebels led on by some mechanics, who assumed the names of Wat Tyler, Jack Straw, Hob Carter, etc.: the king with all his courtiers, came out to meet them in Smithfield: Wat Tyler behaved rudely, and William Walworth, the lord-mayor of London, felled him to the ground with a pole-axe: the multitude were furious at the loss of their leader, and at this instant, king Richard rode forward to meet the rebels: he bade them *not grieve for the loss of so paltry a fellow, but follow their king, who would prove himself their friend*: the populace were overawed, Richard led the way to the neighbouring fields, and there parleyed with them: at length, a great body of soldiers arrived, dispersed the insurgents, and rescued in the king.

When Richard of Bordeaux grew up to be a man, his conduct proved by no means respectable; he was idle, effeminate, and always bestowing his favours on unworthy persons : the whole kingdom was discontented, and Henry and Bolingbroke, another grandson of Edward III., took advantage of this circumstance, seized on the crown, and threw the king into prison, where the unfortunate Richard was starved to death.

## HENRY IV. — 1399.

Henry Percy, commonly called Hotspur, helped his namesake of Bolingbroke to get the crown, but they afterwards quarrelled : Hotspur was fiery, eager, and uncontrollable; Bolingbroke was of a severe and serious turn, and could not bear these humours in a subject : Hotspur made war upon the king, and was defeated and killed, in the battle of Shrewsbury.

## HENRY V. — 1413.

Henry of Monmouth was a very extraordinary character : in his father's lifetime, he led a most dissolute and scandalous life; he kept low company, was often engaged in riots, and even was so far misled by these wicked companions as to rob on the highway; there is a place called Gad's Hill, near Rochester, still famous for these disgraceful exploits.

When Henry of Monmouth became king, he changed his companions, and altered his manners, and no king was ever more sober and dignified in his behaviour : he revived the claims of his great-grandfather to the crown of France; he fought and won the battle of Agincourt, still more celebrated than the battles of Cressy and Poictiers; the English soldiery were all sick, and seemed scarcely able to handle their arms; but they were driven to desperation, and their despair gained for Henry of Monmouth the Crown of France.

## HENRY VI —1422.

Henry of Monmouth died soon, and left Henry of Windsor, his son, only nine months old : the uncles of the infant king served him faithfully and well, but he lost the conquests which had been gained by his father : when the French were at the worst, Joan of Arc, a shepherdess, came to Charles their king, and told him she *was sent by God to regain him his crown :* she was as good as her word, but in the course of the war she was taken prisoner, and the English burned her for a witch.

When Henry of Bolingbroke seized Richard's crown, there were other persons, descended from the second son of Edward III., who had a better claim than he : one of these was now put forward by his partisans, who insisted that Henry of Windsor should no longer be king.

This gave occasion to the wars of York and Lancaster, or the *White* and *Red Roses :* the Henries were, by descent, dukes of Lancaster; their opponent was Richard duke of York : in these wars, twelve famous battles were fought, and most of the English nobility perished : Richard duke of York was killed in the battle of Wakefield; he was the father of Edward IV.

The wife of Henry VI., Margaret of Anjou, was a woman of great ability and courage; flying from the battle of Hexham, with her son, towards whose exaltation all her exertions were directed, and who was then ten years old, she passed by night through a forest, when she met a robber : fearing him less than a Yorkist, she advanced toward him with her boy, and said, *Behold the son of your King! protect him!* The robber was won by her behaviour, and proved faithful : but a few years after, her son was murdered by Edward IV. and his brothers, at Tewkesbury.

A famous character in these times was the earl of Warwick, commonly called the *king-maker;* he was a baron of so much power, that he almost turned the scale in favour of whatever side he protected; he was first Yorkist, and afterward, upon some affront, turned Lancastrian : his style of living was so expensive, and so great was the number of his followers, that six oxen were usually roasted for their breakfast.

## EDWARD IV.—1461.

Edward is better known by his love to Jane Shore, than by any other transaction of his reign : she was the wife of a citizen; but though otherwise of a good disposition, she could not resist the temptation of being mistress to a king. In this reign, in the year 1474, the art of printing was first practised, in England, by William Caxton; and the first book printed was "The Game and Play of the Chesse."

## EDWARD V.—1483.

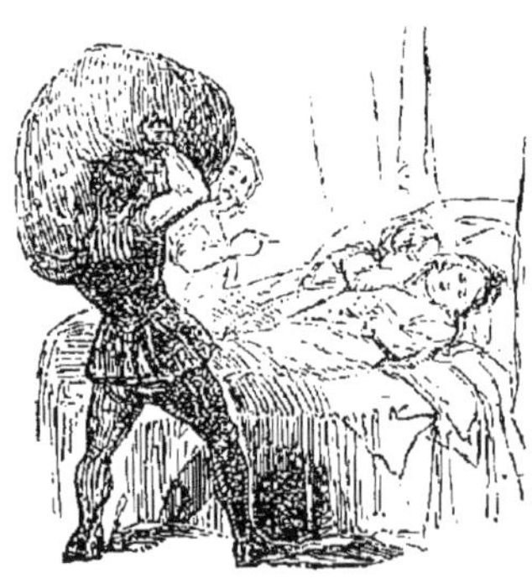

This poor child reigned only two months and eleven days, when he was deprived of the crown, by his uncle Richard Crookback, who is said afterwards to have caused him and his brother to be smothered in their bed in prison, in the Tower.

HENRY VII
HENRY VIII
1491
1547
MARY

## RICHARD III.—1483.

Richard Crookback, though a prince of great ability, was so abhorred for the wicked murder of his nephews, that his crown was never safe upon his head; and after a short reign of about two years, he was killed in the battle of Bosworth Field.

## HENRY VII.—1485.

Henry of Richmond owed his crown to the abhorrence people felt for the murder of the young princes: but his reign was disturbed by impostors; and one of them, known by the name of Perkin Warbeck, but who said he was Richard, brother of Edward V., played his part so well, and had so many circumstances in his favour, that it is not ascertained whether he was really the prince, or not. Henry VII. and his successors had the surname of Tudor.

## HENRY VIII.—1509.

In the reign of Henry VI. printing was first invented; in the reign of Henry VII. followed the discovery of America, by Columbus; and the reign of Henry VIII. was the time of the conquests of Mexico and Peru, under Cortes and Pizarro: these events have changed the face of the civilized world.

Henry VIII.'s prime minister was cardinal Wolsey: he was the son of a butcher at Ipswich, but rose, by his great ability, to be the first man in the state; he lived sumptuously, built Whitehall and Hampton Court, for his town-house and countryhouse : he was haughty and overbearing, which procured him enemies, who told king Henry that he spent more money than he could honestly obtain : so the king took from him all he had.

The most memorable affair in which Henry VIII. was engaged, was the *Reformation of Religion:* the popes had hitherto been considered as the head of the Christian world ; this made them proud and presumptuous : one pope ordered Henry II. to be whipped ; another kept king John without his crown for five days ; and a third made an emperor of Germany wait two days and a night outside his castle, in the snow, before he would condescend to let him in.

At last, people began to think that this was not right ; they remembered that our blessed Saviour was meek and lowly in disposition and behaviour, and they thought that the head of his followers should not be the most arrogant and overbearing of mankind : so the English, and some other nations, threw off the authority of the pope : those that still submitted to him were called *Papists*, and the reformers called themselves *Protestants*.

Henry VIII. had six wives : the first, Catherine of Arragon, daughter of the king of Spain, he owned had been an excellent wife to him, but he grew tired of her, and divorced her : the second, Anne Boleyn, a beautiful and gentle creature, was mother to queen Elizabeth, but Henry, in one of his fits of caprice, had her beheaded : Jane Seymour died in child-bed of her son, Edward VI. : Anne of Cleves the king chose by her picture, but when she came, he was displeased with her, so she was obliged to go back again : Catherine Howard was an imprudent woman, and such a wife as Henry VIII. deserved ; so she lost her head : Catherine

Parr was the last; the king once thought of beheading her, but she got a hint of the matter, coaxed him into good humour, and outlived him.

## EDWARD VI.—1547.

It was the custom of former times for the prince of Wales, and perhaps other young gentlemen of distinction, to have a *whipping-boy;* that is a boy of good family, who was his companion and play-fellow, and who was whipped every time the prince did not learn his lesson; the boy therefore teased the prince to learn, and said, *Oh, pray save me a whipping!* The name of Edward VI.'s whipping-boy, while he was prince of Wales, was Browne.

Edward VI. was a youth of excellent dispositions, and a tender heart: he became king at nine years old, and died at sixteen, of a consumption, at Greenwich, which was then the favourite palace of the kings of England, and stood exactly where the hospital now stands: his death was much lamented.

## MARY.—1553

He was succeeded by his sister, queen Mary, who was a furious Papist, and determined to bring every body back to her own religion: the Protestants were frightened, and set up lady Jane Grey against her, a most admirable young lady, only seventeen years of age: but this was a silly scheme; lady Jane Grey, according to law, had no claim to the crown, and was very unwilling to engage in their plan: during nine days, she was called queen, and then lost her head.

Queen Mary resolved to carry her point as to religion, by burning alive all who opposed her: she burned the archbishop of Canterbury, the bishop of London, and three other bishops: archbishop Cranmer was entrapped, by the false promises of queen Mary's creatures, to sign a declaration that he would be a Papist; yet the queen resolved to burn him, notwithstanding, for an example : but before Cranmer knew this, he declared in church, in the presence of a large congregation, that the signing that paper was the wickedest action of his life, and that he would not stand to it : at his death, he thrust his right hand into the fire, and held it there to be burned, for having been the instrument of so vile a deed : all the sufferers conducted themselves with a courage and patience that did honour to their religion.

## ELIZABETH.—1558.

Queen Elizabeth was a Protestant, and a wise and excellent princess, and all true Englishmen honour her memory : her great rival was Mary queen of Scots, a Papist, who, after queen Elizabeth, was next heir to the crown : she was the most beautiful of women, but was unfortunate in her connexions, and was suspected of having murdered her husband : for this crime, she was obliged to fly from Scotland, and having come into England, queen Elizabeth imprisoned her: the queen of Scots, or her friends, were continually forming plots against Elizabeth, till at last, the English ministers thought it necessary to put her to death, after having been detained eighteen years in prison.

The king of Spain, who had been the husband of queen Mary,

sent a fleet of large ships, which he called the *Invincible Armada*, to take away the crown from Elizabeth; many people were terrified, but the queen was not; she appeared on horseback at the head of her troops, and encouraged them with her cheerful speeches: a great tempest arose, and dispersed the Armada, the Spaniards lost half their numbers, and the rest were glad to get back as quickly as they could.

The greatest ornament of the court of queen Elizabeth was sir Philip Sidney; he was elegant, learned, and discreet, his character was without a blemish; he was killed in battle, at Zutphen, at thirty-two years of age, and when dying, he refused to be attended to, till a soldier was first relieved, whose wounds appeared to be more dangerous than his own.

Lord Bacon, the greatest of philosophers, was one of queen Elizabeth's counsellors, and in these times appeared Ben Jonson, and Shakspeare; one of them, the most correct and manly of English writers, and who best understood comic humour; and the other has far surpassed, in writing tragedy, every other poet in the world

## JAMES I.—1603.

James I. was the son of Mary, queen of Scots, and was the first English king of the name of Stuart, but he was a Protestant; the Papists now lost all patience; and Guy Fawkes, and others, formed a horrible plot for blowing up the whole parliament, king, lords, and commons, with thirty-six barrels

of gunpowder : the plot was discovered, and the conspirators were hanged.

## CHARLES I.—1625.

In the reign of Charles I. there was a great quarrel between the king and the parliament: the parliament struggled for liberty, and the king against it; so the king resolved to do without them.

John Hampden, a gentleman of Berkshire, refused to pay a tax which the king imposed, because it had not the authority of parliament : the cause was tried; the judges gave it for the king, but the people of England thought Hampden was right, and supported him.

The quarrel became every day more violent : the king called together his friends; the parliament did the same, and they went to war : the king was conquered : the parliament, at first, had the right in the quarrel; but wicked men taking advantage of what had happened, brought Charles to trial; and he was executed before his own palace of Whitehall.

## OLIVER CROMWELL.—1649.

Cromwell was more active than any body in bringing Charles to the block : and having destroyed him, he took the royal power into his own hands : though Cromwell behaved ill to the English nation at home, he maintained with a high hand its glory abroad, and forced the French and the Spaniards to do almost every thing he pleased : he was called *lord protector of England*.

As long as Oliver Cromwell lived, Charles II. was a banished

1600 CHARLES I 1649
R. 23 3/4
1599 OLIVER CROMWELL 1658
R. 4 3/4
1630 CHARLES II 1685
R. 24 3/4
1633 JAMES II 1698
R. 2 ½
1650 WILLIAM III 1702
R. 13
1664 ANNE 1714
R. 12 ½

man and a wanderer : he fought for the crown, in the battle of Worcester; but being defeated and pursued, he was obliged to hide himself a whole day, in the branches of an oak : Cromwell's soldiers rode along close under the oak, without seeing him : as soon as Oliver died, the English nation generally agreed to call home their king.

In these times, Cromwell's party, because they had grave faces, said long prayers, and wore short hair, were nicknamed *Roundheads*; and the king's friends, who set up for jolly spirited gentlemen, called themselves *cavaliers*.

## CHARLES II.—1660.

King Charles, who had long been in exile, when he recovered his crown became altogether gay and profligate : his companions were riotous and drunken : and a lord-mayor of London, who knew his character, followed him to his coach one day, when he had been taking a state dinner in the city, and begged him to *come in again, be a good fellow, and crack t'other bottle.*

The English nation was not without wise men, at this time; sir Isaac Newton made important discoveries in mathematics and natural philosophy; and Milton wrote the noblest poem in the English language, called " Paradise lost "

## JAMES II.—1685.

This king, who was brother to Charles II., was a Papist, and devoted the whole of his short reign to the revival of the Roman Catholic religion in England : the English remembered the fires of Smithfield, and hated the very name of Popery; the duke of Monmouth, son to Charles II., but not by his queen, raised a rebellion against James, but was defeated in the west of England.

James, whose manners were very ungracious, permitted the duke of Monmouth to have a conversation with him, after his defeat, and then sent him to the block : chief-justice Jefferies, a savage and inhuman monster, induced Monmouth's followers to plead guilty, by the hopes of a pardon, and afterwards hanged them.

Mrs. Gaunt, a pious woman and an anabaptist, was put on her trial : her crime was, that when one of Monmouth's followers, flying for his life, came to her, and begged she would hide him in her house, she consented : a proclamation was made of a reward to any one who would give information of rebels, or of those who harboured them : the man whom Mrs. Gaunt had concealed, informed against her : the man was rewarded, and Mrs. Gaunt sentenced to be burned.

## WILLIAM III.—1689.

The English people would not bear king James any longer ; they both hated and feared him : and at length, terrified at the recollection of his father's fate, he fled secretly from his palace, and took refuge in France : they then invited over William, prince of Orange, who had married James's daugh-

1660.
GEORGE I.
R. 12 3/4.
1727.
1683.
GEORGE II.
R. 33 1/2.
1760.
1738.
GEORGE III.
R. 59
1820.
1762.
GEORGE IV.
R. 10.
1830.
1765.
WILLIAM IV.
R. 7.
1837.
1819.
VICTORIA.
BEGAN TO REIGN 1837.

ter; they declared the throne to be vacant, and settled the crown upon them: this event is usually called the Revolution of 1688. James II. spent the remainder of his days in France.

## ANNE.—1702.

Queen Anne was another daughter of James II.: like William III., she also had long wars with France: her general, the duke of Marlborough, won a famous victory at Blenheim, and the English parliament, in gratitude, built him a fine seat called Blenheim, on the spot where the royal palace at Woodstock had stood.

## GEORGE I.—1714.

When queen Anne died, there was no near heir to the crown, except the son of James II.: the parliament, therefore, fixed the succession upon George, elector of Hanover, great-grandson of James I.: he was sober and discreet, and reigned in tranquillity.

## GEORGE II.—1727.

In this reign, the Young Pretender, as he was called, the grandson of James II., came over, and set up his claim: he was successful in Scotland; and advanced south, as far as Derby: William duke of Cumberland, the king's son, drove him back into Scotland, and defeated him at Culloden: after this misfortune, he passed through great dangers: he disguised himself, sometimes like a serving-man, and sometimes like a

woman : he was never betrayed by those whom he trusted, and at length he effected his escape to France.

One year before the death of George II., general Wolfe gained great glory before Quebec, in North America ; a battle was fought, and the general was mortally wounded : as he was dying the cry was heard, *They run!* — *Who run?* exclaimed Wolfe. — *The French!* He lifted up his eyes in thankfulness, and almost immediately expired.

## GEORGE III.—1760.

This reign was uncommonly long : in it, we lost North America, for which Wolfe fought : the Americans resolved to be independent, and govern themselves; and in this reign, the French revolution took place; Louis XVI., of France, lost his head, as Charles I., of England, had done : and, after many convulsions and disaster, Bonaparte succeeded him, who won more battles than any general of modern times : but, if the French were successful by land, the English were not less victorious at sea ; and as our country is an island, and encircled with the waters, we safely defied the malice of all our enemies.

At length Bonaparte met with reverses : he was too confident in his own strength, and, in 1812, marched against the emperor of Russia, in his remote capital of Moscow; there he encountered nothing but disaster and disgrace : the sovereigns of Europe combined against him; he lost his crown, and was sent to expiate his ambition, on a barren rock at St. Helena.

George III. suffered the extinction of his mental faculties ten years before the close of his life, and also became blind.

## GEORGE IV.—1820.

The reign of this prince may be said to have been two-fold; first, as regent, from 1810 to 1820; secondly, as king, from 1820 to 1830 : the former half of it was rendered memorable by the battle of Waterloo, and the complete overthrow of Napoleon : the latter portion was distinguished by no military achievements; and as it is upon such events, or upon extraordinary political changes, that history chiefly dwells, this period offers fewer materials to the writer, and less attractive matter to the reader : still, although they cannot be touched upon in so very brief an outline as this, the course of our domestic affairs, during the latter years of George IV., is by no means devoid of interest : one of the principal events connected with them was the passing of the Roman Catholic Bill, in 1829, whereby most of the civil and political disabilities of the Catholics were annuled. The king, who had reluctantly yielded his assent to this measure, did not live a great while afterwards, dying at Windsor, June 26th, 1830, in the 68th year of his age.

## WILLIAM IV.—1830.

As the princess Charlotte, the only child of George IV., had died in 1817, and as his next brother, the duke of York, was also dead, the crown devolved upon his second brother, the duke of Clarence, William IV. During his short reign, of seven years, two very important events took place—a Reform in the Commons-House of Parliament, and an alteration in the administration of the Poor Laws : the former consisted in a large increase of the members for counties, the disfranchisement of certain boroughs, of which the constituency had become very small, and a reduction of the number of representatives for others : at the same time, several large and populous towns, which had not before returned members to parliament, were now enabled to send two members each : the voters for counties were extended to renters of fifty pounds, and those for boroughs, to householders of ten pounds per annum. The change in the Poor Laws consisted chiefly in joining several parishes into Unions, and placing the whole under three commissioners, resident in London, aided by sub-commissioners. During this reign, twenty millions were granted to the proprietors of slaves in the West Indies, for their gradual redemption. William IV. died June 20th, 1837; and was succeeded by his niece, the daughter of the late duke of Kent, ALEXANDRINA VICTORIA, our present beloved and youthful queen, who, on the 10th of February, 1840, was united in marriage to prince Francis Albert, son of Ernest, the then reigning duke of Saxe-Coburg and Gotha; and we doubt not that all our young readers will unite with us, in the most fervent wishes that they may long live in the enjoyment of mutual happiness. His Royal Highness Albert, Prince of Wales, was born November 9th, 1841.

# REGALIA

## USED AT ENGLISH CORONATIONS.

The above engraving exhibits not only the regalia, properly so called, but also those which are used when a queen consort is crowned. The difference between a queen regnant and a queen consort is, the first occupies the kingly office, as of right, and the second is called queen, as being the wife of the king, and is crowned at the will or pleasure of her husband.

The Regalia, properly so called, are grouped on the left side of the wood-cut. The two crowns are the crown of state and the imperial crown The latter was also called St. Edward's crown, having been made for the coronation of Charles II., to supply that of Edward the Confessor, destroyed, with the other ancient Regalia, by order of parliament. The imperial crown is the crown royal, which is set upon the king's head; the crown of state is to be worn in processions. The one represented above, on the right, was made for the coronation of George IV.; the old one having been broken up. A new crown of state was made for the present queen, which contains all the jewels of the former crown, with many additional ones. Four swords are used at a coronation. The sword of state, represented above as sheathed in its ornamented scabbard, and the three swords of mercy and justice. The sword of mercy is curtana, or the pointless sword; the sword of spiritual justice is obtusely pointed; but the sword of justice of the temporality is acutely pointed. St. Edward's staff is represented above as crossing the imperial crown; it is a large golden rod, with a mound and cross at the top, and is carried before the king in the procession of the coronation. The sceptre and the verge, or rod, are represented crossed in the foreground. The sceptre, surmounted by a mound and cross, is placed in the king's right hand; and the verge, or rod, surmounted by a cross and dove, is placed in the left hand. The globe, or orb, surmounted by a cross, is supposed to have been used originally as a type or emblem of sovereignty. The other portions of the Regalia are the spurs, of fine gold, curiously wrought, the ring, and the armil, or armilla, which is used in the ceremony of investiture.

The regalia used at the coronation of a queen consists of a crown of state, a circle of gold, an orb, and a ring. They are grouped on the right side of the engraving, the sword of state crossing them.

The houses of Parliament.

## KING EDWARD'S CHAIR, AND THE AMPULLA.

The article possessing the most historical interest among the regalia, is Saint Edward's Chair, in which the sovereign is seated when the crown is placed upon his head. Its height is six feet seven inches, its depth twenty-five inches, and the breadth of the seat is twenty-eight inches. At the height of nine inches from the ground is a ledge which supports the celebrated Stone of Destiny, which Edward I. brought from Scotland, as a memorial of his conquest of that country. This stone was originally the royal seat of the kings of Ireland; it was called *Liafail,* or "the stone of destiny," and so much importance was attributed to it, that they named the island in honour of it, *Innisfail,* or "the island of destiny." According to the monkish legends, this was the identical stone which served Jacob as a pillow when he saw the miraculous vision in Bethel; they say that it was brought by Gathol, king of the Scuths, or Scots, to

Brigantia, a city of Gallicia, in Spain, and that it was removed from thence to Ireland by Simon Brech, the leader of a body of Scots, about 900 years before Christ. Fergus, a descendant of Simon Brech, being compelled to leave Ireland in consequence of civil wars, led a body of emigrants to Argyleshire, and took with him the stone of destiny, which he deposited at Dunstaffnage, about 300 years before Christ. All his descendants were installed on this stone seat, and it was believed that when the rightful heir took his seat, the stone emitted loud and harmonious musical sounds, but that it remained silent whenever a pretender attempted to be crowned.

The stone of destiny appears, from the ancient records of Ireland, to have been an altar, an idol, and the throne of the kings; it was therefore viewed with threefold reverence. A remarkable prophecy identified its fortunes with those of the royal line of the Scots, which is thus given in the old monkish rhymes :—

Ni fallat fatum,
Scoti, quocumque locatum
Invenient lapidem,
Tenentur regnare ibidem.

That is :

Or Fate is false, or where this stone is found,
A king of Scottish race will there be crowned.

It was on account of the importance attached to this prophecy, that Kenneth removed the stone from Dunstaffnage to Scone, where, for more than four hundred and fifty years, it was used as a throne at the coronation of the Scottish kings. Its removal to England was felt by the entire people of Scotland as a national humiliation, and they stipulated for its restoration at the treaty of Northampton, A.D. 1328. Writs for sending it back were issued by Edward III., but from some unexplained cause they were never executed.

When James I. ascended the throne of England, great importance was attached to this fulfilment of the prophecy connected with the stone of destiny, and so deep was the impression thus produced on the minds of the Scottish people, that in the reign of Queen Anne it reconciled many to the Union, who would otherwise have opposed that measure.

The stone appears to be a block of red sandstone, containing a more than ordinary proportion of ferruginous matter; it certainly is not an aerolithe, as several authors have asserted. Its dimensions are, twenty-two inches in length, thirteen in breadth, and eleven in depth. At each end are two short iron chains.

The chair was anciently decorated with carving, gilding, and painting, but its beauty has been long since defaced. At late coronations, it was covered with cloth of gold.

The Ampulla, or Golden Eagle, in which the holy oil for anointing the kings is preserved, is a vessel of pure gold, in the shape of an eagle with expanding wings, nearly seven inches in height, and weighing about ten ounces.

The original Ampulla given to Thomas à Becket, according to a legend, when he was in exile, by the Virgin Mary, was not destroyed with the rest of the Regalia in the time of the Commonwealth; but it was renovated for the coronation of Charles II., and at the same time the spoon was prepared, into which the oil is poured by the consecrating prelate. The spoon, like the eagle, is of chased gold, and is adorned with four large pearls in the broadest part of the handle.

---

It will not be irrelevant in this place to give our readers a description of the crowns and coronets worn by the princes of the blood and the English nobility:

*The Prince of Wales,* or heir apparent to the throne of Great Britain:—The crown is a circle of gold, surrounded with four crosses pattée and as many fleurs de lis, set alternately. From the two centre crosses an arch arises, adorned with pearls, and surmounted by a ball and cross; within the coronet is a cap of crimson velvet, lined with white sarcenet, and turned up with ermine. The Prince of Wales has also another distinguishing ornament, viz., a simple coronet, surmounted with a plume of three ostrich feathers, and having the motto, *Ich dien,* that is, "I serve."

*The Princes of the Blood Royal.* The coronet is a circle of gold, richly chased, having on the edge two crosses pattée, two strawberry leaves, and four fleurs de lis. Within is a crimson velvet cap, lined with sarcenet, and turned up with ermine. On the top of the cap there is a rich tassel of gold and spangles.

*A Duke.* The coronet is a circle of gold, richly chased, having on the edge eight strawberry leaves; within is a crimson velvet cap, topped by a gold tassel, and turned up with ermine of one row.

*A Marquis.* The coronet is a circle of gold, set round with four strawberry leaves, and as many pearls, on pyramidal points of equal height, alternately. The cap is the same as that of the duke.

*An Earl.* The coronet has eight pyramidal points, with as many large pearls on the tops of them, placed alternately with as many strawberry leaves lower than the pearls. The cap and tassels are the same as above.

*A Viscount* has only pearls, without any limited number, placed on the circle itself all round.

*A Baron* has only six pearls set round the circle, at equal distances.

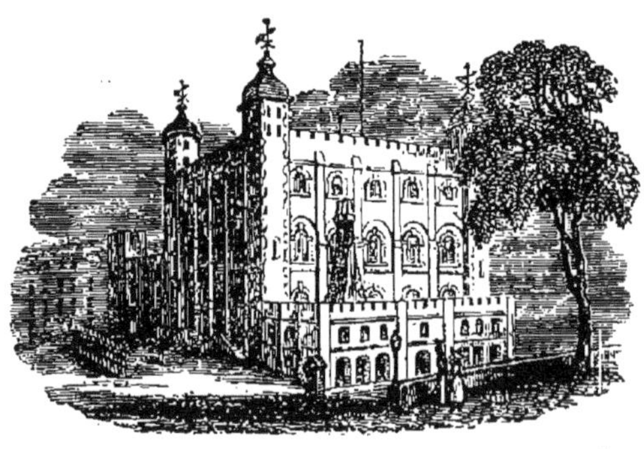

The white tower.

## THE ORDER OF THE GARTER.

It was in the reign of Edward III. that the order of the Garter was instituted; the number was to consist of twenty-four persons besides the king. A story prevails, but unsupported by any ancient authority, that the countess of Salisbury, at a ball, happening to drop her garter, the king took it up, and presented it to her with these words, "*Honi soit qui mal y pense.*"—"Evil be to him that evil thinks." This accident, it is said, gave rise to the order and the motto[1], A. D. 1349.

[1] "Some do affirme, that this order beganne fyrst by king Richard Cœur de Lion, at the siege of the citie of Acres, where in his greate necessytie there was but twenty-five knights that firmlye and surelye abode by him, where he caused all of them to wear thonges of blue leythere about their legges, and afterwards they were called knights." —*Rastell's Chronicle.*

## THE UNION FLAG.

The question of a legislative union with England, which had been previously negatived in the Irish house of commons, was finally carried by the minister; it was determined that from the 1st. of January, 1801, there should be but one imperial parliament for the British islands, in which Ireland should be represented by four spiritual peers, taken in rotation every session, twenty-eight temporal peers chosen for life, and one hundred commoners elected in the usual manner. The cross of Saint Patrick was added to those of St. George and Saint Andrew on the National banner, which is thence called the Union Flag.

PARIS. — IMPRIMERIE GÉNÉRALE DE CH. LAHURE
Rue de Fleurus, 9

www.ingramcontent.com/pod-product-compliance
Ingram Content Group UK Ltd.
Pitfield, Milton Keynes, MK11 3LW, UK
UKHW021055220726
13924UKWH00005B/2110

9 782019 220518